F. B. Meyer — Ein Mann des Gebets

F. B. Meyer

EIN MANN DES GEBETS

Der Prophet Samuel

Christliche
Verlagsgesellschaft
Dillenburg

CIP-Kurztitelaufnahme der Deutschen Bibliothek

Meyer, Frederick B.
Ein Mann des Gebets : d. Prophet Samuel / F.B. Meyer.
(Überarb.: Dieter Boddenberg ; Ottokar Heurig). —
Dillenburg. Christliche Verlagsgesellschaft, 1987.
ISBN 3-921292-59-X
NE: Boddenberg, Dieter (Bearb.)

ISBN 3-921 292-59-X

Überarbeitung: Dieter Boddenberg, Ottokar Heurig
Umschlaggestaltung: Eberhard Platte, Wuppertal
Titelfoto: laenderpress, E. Lessing —
Elfenbein-Salbhorn aus der Zeit Samuels
Druck: Druckhaus Gummersbach
Printed in Germany

Inhalt

Vorwort

Zwei Stellen in der Apostelgeschichte zeigen uns, von welcher Bedeutung Samuel war:

»Er gab ihnen Richter bis auf den Propheten Samuel« (Apg. 13,20).

»Alle Propheten von Samuel an und hernach« (Apg. 3,24).

»Bis« auf Samuel; — »von« Samuel an; diese beiden kleinen Wörter beweisen, daß sein Leben eine Brücke bildete, daß in ihm zwei Zeitalter sich die Hand reichten.

Die Betrachtung seines Lebens ist besonders für diejenigen von Wichtigkeit, die inmitten der Unruhe und den Wirren der Zeit stehen müssen. Samuel war kein Einsiedler, der sich vom Schauplatz der Welt zurückzog und seine Zeit verträumte. Staatsmann und Politiker im besten Sinne des Wortes, spielt er eine große Rolle in Israels Geschichte; er setzt Könige ein und setzt sie ab.

Sein Leben scheint nicht oft behandelt worden zu sein, und ich hoffe daher, daß dieses Buch eine vorhandene Lücke ausfüllen wird. Viel Anregung verdanke ich den Werken: »The Jewish Church« von Dean Stanley und »Samuel and Saul« von Rev. W. J. Deane. Die lokale Färbung habe ich vielen anderen Schriftstellern entnommen; ich habe mich bemüht, dadurch ein recht anschauliches Bild des Propheten Samuel und des unzertrennlich mit ihm verbundenen Königs Saul zu liefern.

F. B. Meyer

I.
Eine Übergangszeit

(1. Samuel 1)

Weicht, ihr Berge, fallt, ihr Hügel,
Brecht ihr Felsen, alle ein!
Gottes Gnade hat das Siegel,
Sie will unverändert sein.
Laß die Welt zu Trümmern geh'n,
Gottes Gnade wird besteh'n.

Wir leben heute in Zeiten, wo sich auf allen Gebieten des Lebens ein großer Umschwung vorbereitet. Das Alte weicht zurück, und das Neue bricht sich gewaltsam Bahn. Ähnliche Zeiten hat es oft gegeben, z.B. als die Einrichtungen des levitischen Gottesdienstes, die doch nur vorbildlich waren, durch »die himmlischen Dinge selbst« ersetzt wurden. Auch zu der Zeit, wo unsere Erzählung beginnt, bereitete sich ein mächtiger, tief eingreifender Umschwung in dem nationalen Leben Israels vor. Die Geschichte Samuels ist ein göttliches Intermezzo zwischen den Tagen der Richter und denen des Königs David.

Im jüdischen Staat war bis zu dieser Zeit der Hohepriester die höchste und unbestrittene Autorität gewesen. Mose, der Begründer des Staates, konnte keinen Nachfolger haben, aber auf Aaron folgte eine ununterbrochene Reihe von Priestern. Der Hohepriester war der Stellvertreter des ganzen Volkes Israel. Das mosaische Zeitalter sollte aber nicht in der Herrschaft eines Priesters gipfeln. Der Priester hat selten die Eigenschaften, die den großen Anführer und Herrscher ausmachen. Engherzigkeit, Herrschsucht, Unterdrückung des edelsten menschlichen Strebens und Ringens haben nur zu oft die Regierung gekennzeichnet. Der Priester mußte dem König Platz machen.

Ein Hinweis auf eine Neuordnung der jüdischen Staatsverwaltung scheint in den letzten Versen des Buches Ruth zu liegen. Die Stammtafel, in welche jene liebliche Erzählung ausklingt, steht in keinem Zusammenhang mit Aaron oder seinen Nachkommen. Sie handelt ausschließlich vom Stamm Juda, der keine Verheißung des Priestertums hatte. Der göttliche Plan war im Vorwärtsschreiten begriffen, aber wohin zielte er? Damals war das Ziel noch unsichtbar; aber wenn wir heute von dem Aussichtspunkt der vollendeten Tatsachen zurückblicken auf die damaligen Verhältnisse, so sehen wir, daß sich alles langsam auf die Gründung des Davidischen Königreichs hinbewegte, und vor allen menschlichen Augen tief verborgen zielte der göttliche Wille schon hin auf die Offenbarung des »rechten Mannes«, wie Luther ihn nennt, in dem, — der so richtig »Wunderbar« benannt ist, — Priester, Prophet und König in vollendeter Harmonie zum Ausdruck kommen.

I. Ein Mann der Kraft war dringend nötig. — Ein Ruf tönt durch alle Jahrhunderte: Gebt uns Männer! Wenn aber je ein tatkräftiger, charaktervoller Mann not tat, dann war es in den Zeiten, welche das Buch der Richter in erschreckender Weise vor uns aufrollt. Kanaan war zwar von den Israeliten eingenommen, aber die eingeborenen Völker waren deshalb noch lange nicht alle unterworfen. Es war ein ähnliches Verhältnis wie das der alten Sachsenvölker zu der Karolingischen Herrschaft. Im Süden des Landes besaßen die Philister fünf Städte. Die Bergfeste, welche uns später als der Berg Zion lieb und wert wird, war jetzt von Jebusitern besetzt und leistete bis in die Regierung Davids hinein stolzen Widerstand. Beinahe die ganze Seeküste und alle befestigten Städte in der fruchtbaren Ebene Esdrelom waren noch in den Händen der Kanaaniter. Das kleine Reich Gaser behauptete seine Unabhängigkeit bis in die Tage Salomos, wo es Pharao, der König von Ägypten, besiegte und seiner Tochter, der Gemahlin Salomos, schenkte (1. Kön. 9,16). An der nördlichen Grenze Kanaans lebten noch die Nachkommen jener mächtigen Völker, die Josua in der großen Schlacht am Wasser Merom besiegt hatte, die sich aber wahrscheinlich nur äußerlich und gezwungener Weise der Herrschaft Israels unterworfen hatten. — »Also ließ der HERR diese Heiden, daß Er sie nicht bald vertrieb... daß Er an ihnen Israel versuchte, die nicht wußten um die Kriege Kanaans, und daß die Geschlechter der Kinder Israels lernten streiten, die vorhin nichts darum wußten« (Richter 2,23 und 3,1-2). Wären diese kriegerischen Stämme nicht dagewesen, es hätte nie einen Gideon oder Barak, einen Jephtha oder Simson, noch einen David gegeben. Ohne dieses Zuchtmittel wäre Israel vielleicht zu einem weichlichen, feigen Volk, ohne Saft und Kraft, geworden. Es hätte still und sicher gewohnt wie die Zidonier in einem weiten und breiten Lande, da nicht fehlt von alledem, was auf Erden ist (Richter 18,7-10).

Wer von uns hätte nicht ähnliche Erfahrungen gemacht? Streit und Kampf, wo wir Frieden erwarteten; Ärger und Zorn, wo wir uns ganz sicher glaubten; Umgießen aus einem Faß ins andere, wo wir hofften, endlich einmal »auf unseren Hefen« still liegen zu dürfen (Jer. 48,11).

Lieber Leser, all dies liegt in Gottes Erziehungsplan beschlossen, damit wir nicht die Hände in den Schoß legen, sondern kämpfen lernen; damit wir uns selbst erkennen und Gott, den HERRN, erkennen, und damit wir und unsere Nachkommen durch diese Zucht zu edlen und kräftigen Charakteren gestählt werden.

Israel war umsomehr den beständigen Angriffen seiner Feinde ausgesetzt, weil es an einer starken, einheitlichen Regierung fehlte. Seit den Tagen Pinehas, des Sohnes Eleasars, war das Priestertum Schwächlingen in die Hände gefallen. Bestätigt wird diese Annahme dadurch, daß Eli kein Nachkomme Eleasars ist, des ältesten Sohnes Aarons, von dem doch von rechtswegen die Hohenpriester ihre Herkunft ableiten sollten, sondern von dem jüngeren Sohne Ithamar abstammt. Wahrscheinlich hatten sich die Nachkommen des älteren Zweiges so unfähig gezeigt, es mit der Zeit aufzunehmen, daß man sie abgesetzt hatte, und einen Mann gewählt, der die Fähigkeit besaß, das Feld zu behaupten und sich an die Spitze der Streitkräfte Israels zu stellen. Vielleicht hatte Eli in jungen Jahren Heldentaten vollbracht, die seine Zeitgenossen veranlaßten, ihn zu der höchsten Machtstellung zu berufen, die es in Israel gab. Zu der Zeit freilich, wo der Bibelleser mit ihm bekannt wird, kann er durch seine Stumpfheit und Altersschwäche nur mitleidiges Bedauern hervorrufen.

Von Zeit zu Zeit hatte Gott Richter erweckt und dadurch dem bedrängten Volke eine zeitweilige Hilfe in der Not geschaffen. »Er gab ihnen Richter bis auf den Propheten Samuel.« »Wenn aber der HERR ihnen Richter erweckte, so war der HERR mit dem Richter und half ihnen aus der Feinde Hand, so lange der Richter lebte, denn es jammerte den HERRN ihr Wehklagen über die, so sie zwangen und drängten« (Apg. 13,20; Richt. 2,18). Die Herrschaft eines Richters bildete aber immer nur einen kurzen Lichtblick in jenen dunklen und stürmischen Zeiten. Bestenfalls wurde er von seinem eigenen Volksstamm und den gerade angrenzenden Stämmen als Herrscher anerkannt. Simson z.B. war hauptsächlich der Held des südlichen Landstriches, Jephthah dagegen war besonders der Anführer der Stämme östlich vom Jordan. Eine so allgemeine Anerkennung wie Debora und Gideon sie bis an ihr Lebensende genossen, gehört zu den Ausnahmefällen, und nur wenige konnten sie durch außerordentliche Leistungen erlangen.

Aufruhr und Gesetzlosigkeit im Volke selbst und Angriffe von außen drohten Israel zu vernichten. Ohne inneren Zusammenhang, ohne Sammelpunkt, ohne allgemein anerkannten Anführer, wie war da Widerstand zu erwarten gegen die Empörung der Kanaaniter innerhalb des Landes und gegen die Angriffe der feindlichen Völkerschaften außerhalb der Grenzen? »Zu der Zeit war kein König in Israel, und ein jeglicher tat, was recht war in seinen Augen.« »Da taten die Kinder Israels übel vor dem HERRN.« »Da schrien die Kinder Israels zu dem HERRN.« Diese drei häufig wiederkehrenden Sätze sind der Schlüssel zu dem ganzen Buch. Die Bande der Religion waren ebenfalls sehr locker geworden. So kommt z.B. in dem Geschlechtsregister Sauls dreimal der Name Baal vor, eines phönizischen Götzen (1. Chron. 8,30.33.34). Die Geschichte Michas, Ruths und der Daniter liefern ein anschauliches Bild der überall herrschenden Zustände, der allgemeinen Uneinigkeit und wilden Empörung, der Roheit und Unsittlichkeit und der völligen Schutzlosigkeit der Schwachen und Unschuldigen.

Eine neue Ordnung der Dinge mußte entstehen. Aber die nationale Einigkeit zustande zu bringen und zu behaupten, die höchsten Ideale des Richtertums im Königsamt auszuprägen, den Treubund Israels mit dem Gott seiner Väter zu erneuern und aufrecht zu erhalten, den Übergang vom letzten Richter zum ersten König zu bewerkstelligen, das waren Aufgaben, die einen hervorragend charakterfesten Mann erforderten. Wie wir sehen, schickte Gott den rechten Mann, den Propheten Samuel, der Sein Volk aus einer Zeit in die andere führte und es so sicher an den Klippen der drohenden Empörung vorbeisteuerte, daß kaum einmal jene Erregung der Gemüter entstand, die doch sonst die naturgemäße Begleiterscheinung solcher tiefeinschneidenden Veränderung in der Regierungsform ist.

II. Wie der Not abgeholfen wurde. Gottes größte Gaben an die Menschheit können nur durch Leiden gegeben werden. Ob wir dabei an geistliche oder weltliche Dinge denken, ist ganz gleich. Keine gewaltige Reformation, keine Entdeckung oder nützliche

Erfindung, keine geistliche Erweckung, wo Seelen aus dem Tode zum Leben geboren werden, ohne daß vorher Tränen und Blut fließen, ohne daß es durch Wachen und Mühen, durch saure Arbeit und heiße Schmerzen geht. Das sind die Geburtswehen einer neuen Zeit. Was wenig kostet, nützt auch der Menschheit wenig. Menschen, die ihr Leben lieb haben, werden nie anderen helfen können. Soll der Tempel gebaut werden, muß David zuvor durch schwere Leiden gehen; soll das Evangelium der Gnade sich aus den Wirren der jüdischen Tradition lösen, muß Paulus einen lebenslangen, heißen Kampf kämpfen; um die Reformation für Europa möglich zu machen, müssen Johann Huß und Hieronymus von Prag den Scheiterhaufen besteigen; ehe große Entdeckungen die Welt in Staunen versetzen, arbeiten Männer wie Galilei und Galvani, Faraday und Edison jahrelang angestrengt und scheuen keine schlaflose Nacht. Wenn große, göttliche Wahrheiten als kostbares Erbstück unsterblicher Seelen geoffenbart werden sollen, müssen ein Baxter, ein Bunyan, oder ein Luther willens sein, sich ganz ihrem Gott zu opfern, und Schimpf und Schande, Verkennung und Verbannung zu leiden; und ehe ein Samuel seinem Volke geschenkt werden kann, muß Hanna von Herzen betrübt werden.

Einige Meilen nördlich von Jerusalem an der Grenze des Gebietes von Ephraim und Benjamin lag die Stadt Ramathaim-Zophim, auch unter der einfacheren Bezeichnung Rama bekannt; im Neuen Testament kommt sie als Arimathia vor, von wo Josef, der Ratsherr, stammt, der von Pilatus den Leib Jesu erbat. Ramathaim bedeutet: die zwei Rama. Es gab wahrscheinlich eine obere und eine untere Stadt, wie in 1. Sam. 9,13 angedeutet wird. Der Name Zophim rührt von einem Vorfahren Elkanas, Zuph genannt, her, der ein einflußreicher Mann gewesen zu sein scheint, und nach dem der ganze Umkreis benannt war (1. Chr. 6,35; 1. Sam. 9,5). Durch die Geburt Samuels wurde die kleine Gebirgsstadt zum wichtigen Ort, nicht nur so lange wie der Prophet lebte, als sie der Brennpunkt des nationalen Lebens war, sondern noch auf Jahrhunderte hinaus.

Zur Zeit, als die Laufbahn Simsons in Süd-Judäa sich ihrem Ende zuneigte, lebte in Rama eine Familie, der Levit Elkana mit seinen zwei Frauen, Hanna (hebr. Gnade) und Peninna (hebr. Perle). Er hatte früher in Ephraim gelebt, und man glaubte daher, er gehöre zu diesem Stamme (Jos. 21,20; 1. Chr. 6,22-28). Daß er zwei Frauen besaß, war keine Übertretung des mosaischen Gesetzes, das die Vielweiberei nicht untersagte, aber die Ehegesetze sorgfältig regelte und das Familienleben so zu heiligen suchte, daß die Menschen allmählich zu der ursprünglichen Stiftung des Paradieses zurückkehren sollten (Mark. 10,4-10).

Möglicherweise hatte Elkana erst, als Hanna kinderlos blieb, eine zweite Frau genommen, aber aus welchem Grunde auch der Schritt geschehen sein mochte, er brachte nur Herzeleid mit sich. Streit und Zank zogen in das einst so friedliche Haus, und je mehr Kinder Peninna geboren wurden, während Hanna dieses Glück immer noch versagt blieb, um so schlimmer wurde es. Als israelitische Frau, welche es fast als Schande ansah, kinderlos zu sein, hatte Hanna sowieso schwer zu tragen, aber der bittere Spott und beißende Hohn ihrer Nebenbuhlerin waren doch der schwerste Stein auf ihrem Herzen. Wurde ihr das Leben in Rama schon schwer gemacht, so erreichte ihr Schmerz seinen Höhepunkt, wenn sie in Silo waren, um dem HERRN das jährliche Opfer zu bringen. Wenn nach dem Opfer die Familie sich zum Mahl versammelte, um vor dem HERRN, ihrem Gott, zu essen und fröhlich zu sein, dann mußte Hanna Zeuge sein, wieviel Stücke von dem Opfertier Peninna für sich und alle ihre Kinder erhielt, während Elkana ihr nur eins betrübt reichte. Da war es, als ob ein Schwert durch ihre Seele ging; sie lag im Staube, und ihr Leben schien dem Tode nahe; selbst die treue Liebe ihres Mannes konnte ihr Herz nicht stillen (1. Sam. 1,8). Aber aus diesem heißen Seelenweh wurde die Freude ihres Herzens und der Retter Israels geboren.

II.
Herzenskummer

(1. Samuel 1, 15)

Leiden sammelt uns're Sinne,
Daß die Seele nicht zerrinne
In den Bildern dieser Welt;
Ist wie eine Engelwache,
Die im innersten Gemache
Des Gemütes Ordnung hält.

Wir dürfen die Ursache von Hannas Betrübnis wohl nicht allein in ihrer Kinderlosigkeit und in den Schmähungen ihrer Nebenbuhlerin suchen. In ihrem Lobgesang rauschen die edelsten Töne israelitischer Überlieferungen und Hoffnungen, und in ihrer Seele leben dieselben Gedanken, aus denen Moses Lieder hervorgekommen sind. Die Gesetzlosigkeit und wüsten Zustände im Land erfüllten sie mit Kummer und Schmerz, und mit leidenschaftlicher Inbrunst sehnte sie sich danach, ihr eigenstes, edelstes Selbst in einem Sohn zu verkörpern, der mit starker Hand in das zerrüttete Staatswesen eingreifen, das Volk aus seinem namenlosen Elend reißen und zu Frieden und Wohlstand bringen würde. Sie war nur eine schwache Frau, sie reichte weder an eine Jael, noch an eine Debora heran, aber dennoch würde sie zur Retterin ihres Volkes werden, wenn sie nur einem Sohn ihre glühende Seele einhauchen könnte. Was galt es, wenn sie ihn von klein auf hergab, ihn in seiner süßen Kindheit nicht um sich hatte, von dem heranwachsenden Jüngling keine Hilfe und Unterstützung erwarten durfte, würde ihr das nicht alles tausendfach gelohnt werden, wenn der HERR ihn zum Eigentum annahm, und er der offene Kanal würde, durch den die Erlösungsgedanken Gottes strömen konnten? Gewöhnlich wurden die Leviten erst im Alter zwischen 30 und 50 Jahren zum Dienst Gottes geweiht, aber ihr Sohn — wenn ihr je einer geschenkt würde — sollte sein Leben lang dem HERRN geweiht sein, und kein Schermesser sollte auf sein Haupt kommen.

Einmal, gelegentlich des alljährlichen Festes zu Silo, konnte Hanna ihren Kummer nicht mehr beherrschen, und nach dem gemeinsamen Mahl erhob sie sich und ging in den Vorhof der Stifts hütte. Von deren ursprünglicher Herrlichkeit war nicht mehr viel vorhanden; wahrscheinlich schützten nur einige zeltartig angebrachte Vorhänge die Bundeslade und die heiligen Geräte, die den Stürmen der voraufgegangenen Jahrhunderte entronnen waren. Diese einfache Vorrichtung war, wenn wir den Berichten der Rabbiner Glauben schenken dürfen, von einer niedrigen Mauer umgeben, an deren Eingang ein erhöhter Sitz für den Hohenpriester errichtet war. »Und sie war von Herzen betrübt, und betete zum HERRN und weinte.« Andere legten Opfertiere auf den Altar, sie hatte nur das zerschlagene Herz, das unser gnädiger Gott niemals gering achtet. Sie haderte nicht mit dem Herrscher Himmels und der Erden, aber sie hielt Ihm ihren Leidenskelch hin, damit Er ihn zum heilsamen Kelch umwandeln möchte.

Es heißt von Hanna: »Sie betete.« Wir wollen uns ihr Gebet und seine Erhörung einmal näher ansehen.

Das Gebet kam von Herzen. Die Orientalen pflegen laut zu beten; aber als Hanna neben Elis Stuhl stand (26), redete sie in ihrem Herzen. Ihre Lippen regten sich, aber man hörte keinen Laut. Das beweist, daß sie in ihrem inneren Leben schon sehr weit vorgeschritten war und die wahre Gemeinschaft des Herzens mit Gott kannte. Sie machte keine leeren Worte; ihr Geist verkehrte mit Gottes Geist; die hungrige Seele trat an den vollen Tisch, menschliche Nichtigkeit streckte sich nach göttlicher Kraft aus. Dazu bedarf es keiner Worte, denn Worte können das »unaussprechliche Seufzen« nicht wiedergeben.

Das Gebet gründet sich auf einen neuen Namen Gottes. »HERR Zebaoth«, HERR der Heerscharen, ruft Hanna Gott an, denn sie erkennt, daß es Seiner Allmacht ein Kleines ist, eine lebendige Seele ins Dasein zu rufen, die sie Kind nennen darf. Sie fleht Ihn an, um dessen Thron Millionen und aber Millionen von Geistern stehen, sich ihres großen Jammers und Elends zu erbarmen. Sie gelobt, — und Elkana muß durch sein Stillschweigen später dies Gelöbnis anerkannt haben (4. Mos. 30,6-15) — diese große Gnade nicht zur Befriedigung eigener Selbstsucht zu gebrauchen, sondern allein zur Ehre Gottes. Würde ihr ein Sohn geschenkt werden, so sollte er von Geburt an ein Nasiräer, ein Verlobter Gottes sein. Seine Lippen sollten kein berauschendes Getränk berühren, sein Haar unbeschoren bleiben, und nie sollte seine geweihte Hand sich durch das Berühren eines toten Körpers verunreinigen.

Das Gebet war bestimmt. »Gib Deiner Magd einen Sohn.« — »Da ich um diesen Sohn bat.« Viele unserer Gebete erreichen nichts, weil sie auf gar nichts Bestimmtes gerichtet sind. Wir verpuffen sie ziellos in die Luft und sind dann verwundert, wenn nichts darauf erfolgt. Sage einmal, du Gotteskind, das du heute morgen beim König Himmels und der Erden zur Audienz warst, um was hast du eigentlich gebeten? So ganz im allgemeinen, daß Gott dich und deine Lieben segnen und behüten wolle? Aber den einzelnen Fall, die spezielle Not des Nächsten, hast du die aufs Herz genommen und vor den HERRN gebracht? Christen, welche die heilige Kunst der Fürbitte verstehen, machen wunderbare Erfahrungen, wenn sie ganz bestimmt um das Seelenheil einzelner Personen beten oder irgend eine gute und vollkommene Gabe für sie erflehen.

Das Gebet war rückhaltlos. »Ich habe mein Herz vor dem HERRN ausgeschüttet.« O daß wir öfter das Beispiel Hannas befolgten. Da laufen wir hin und machen Menschen — oft liebe, gute Menschen — zu unseren Vertrauten und erzählen ihnen alles, was wir auf dem Herzen haben, und nicht selten müssen wir es nachher bereuen; oder wir gehen zwar zu Gott und stellen Ihm sozusagen unsere Sache anheim, aber Hand aufs Herz, wie machen wir es? Ja, wir stellen Ihm die drückende Sache vor, aber nur eine Seite derselben, unsere Seite, und versuchen, die andere vor Ihm zu verbergen. Oft genug wären wir die ganze, uns so drückende Sache mit einem Male los, wenn wir uns entschließen könnten, unser ganzes Herz vor Gott bloßzulegen. Aber da gilt dann keine Selbstverteidigung, keine Tünche der Entschuldigung, kein Verschweigen von Dingen, die ein offenes Bekenntnis erfordern. Wenn dein Herz zu brechen droht, wenn die schwachen Nerven die Last der Angst und Sorgen nicht mehr ertragen können, wenn die Saiten so straff gespannt sind, daß sie zu zerspringen drohen, denke an Hanna; schütte dein Herz vor Gott aus.

Hanna harrte aus im Gebet. »Da sie lange betete vor dem HERRN.« Worte machen es freilich nicht, und um langer Gebete willen können wir nicht auf Erhörung pochen. Aber wenn es dem HERRN gefällt, uns eine Last aufzulegen, so bleibt uns eben nichts anderes übrig, als vor Ihm zu stehen und auf Seine Hilfe zu warten.

Das Gebet wurde erhört. Eli saß an seinem Platz am Eingang der Stiftshütte. Er bemerkte und beobachtete Hanna, obwohl sie von ihrer Umgebung keine Notiz nahm. Der große Schmerz, der sich in ihrem Wesen ausdrückte, mag des alten Priesters Aufmerksamkeit auf sie gelenkt haben, und er erwartete, daß sie ihr Herz in Worten entlasten würde, wie so viel betrübte Menschen dort zu tun pflegten. Als nun aber, obwohl sich ihre Lippen bewegten, kein Laut hörbar wurde, glaubte Eli, sie sei trunken, und unterbrach ihre Andacht in ziemlich grober Weise. »Wie lange willst du trunken sein? Laß den Wein von dir«, fährt er die stille Beterin an. Dieser ungerechte Vorwurf ist ein Beweis, wie wenig Fühlung das damalige Priestertum mit den edelsten Geistern und Gemütern der Zeit hatte. Eli urteilt nach dem, was seine Augen sehen; göttliches Denken lebte nicht in ihm. Er war zum rein äußerlichen Verwalter eines heiligen Amtes herabgesunken, dem der göttliche Ratschluß verborgen blieb. Mit großer Demut antwortet Hanna auf die harte Beschuldigung. »Nein«, sagt sie, »so wie du glaubst, liegt die Sache nicht. Ich bin eine betrübte Frau. Wein und starke Getränke habe ich nicht getrunken, sondern habe mein Herz vor dem HERRN ausgeschüttet.« Die arme Frau hatte schon so viel gelitten, daß diese letzte Verkennung ihr nicht mehr sehr nahe ging. Sie warf eben alle ihre Sorgen auf den HERRN, und noch bevor Eli es ihr verkündigte, wurde es ihr zur Gewißheit, daß der barmherzige Gott ihr Gebet gehört und erhört hatte. Sie hatte die Gebetshöhen erreicht, wo man nicht nur bittet, sondern auch nimmt. Jene erhabenen Worte waren zwar noch nicht erklungen, die uns mehr als alle andern in das Geheimnis des erhörlichen Betens einweihen: »Darum sage Ich euch: Alles, um was irgend ihr bittet, glaubet, daß ihr es empfangen habt, und es wird euch werden.« (Mark. 11,24. Elbf. Üb., Anmerk.)

Man möchte sagen, Hanna hat den Geist dieser Worte vorweggenommen. Elis segnende Weissagung: »Gehe hin mit Frieden; der Gott Israels wird dir geben deine Bitte, die du von Ihm gebeten hast«, war wie Sommerregen auf ein dürres Land und drückte ihrer inneren Erfahrung das Siegel auf. Der Friede Gottes, der höher ist als alle Vernunft, erfüllte und bewahrte ihr Herz und ihren Sinn. »Sie sprach: Laß deine Magd Gnade finden vor deinen Augen. Also ging die Frau hin ihres Weges, und aß und sah nicht mehr so traurig.«

Ach, nur zu oft stehen wir vom Gebet so auf, wie wir hingekniet sind, mit eben demselben traurigen Gesicht, demselben schweren Herzen. Wir haben wieder einmal unsere Sorgen nicht auf den HERRN geworfen, oder wenn wir es ja auf einen Augenblick getan, so haben wir sie uns schleunigst wiedergeholt, denn das scheint uns doch am sichersten. Den uns von Gott angebotenen Tausch weisen wir zurück; wir wollen unsere Sünden, Sorgen und Lasten nicht ablegen und den allmächtigen, treuen Gotteshänden überlassen, und dann Schmuck für Asche, Freudenöl für Traurigkeit, und schöne Kleider für einen betrübten Geist empfangen.

Hüllt Gott dich in Dunkelheiten,
So lobsing Ihm aus der Nacht;
Sieh, Er wird dir Licht bereiten,
Wo du's nimmermehr gedacht.
Häuft sich Not und Sorg' umher,
Wird die Last dir allzu schwer,
Faßt Er plötzlich deine Hände
Und führt selber dich ans Ende.

Des andern Tages kehrte Elkana mit seiner Familie nach Hause zurück. »Und des Morgens machten sie sich früh auf, und da sie angebetet hatten vor dem HERRN, kehrten sie wieder um und kamen heim gen Ramath.« Aber was war denn mit Hanna vorgegangen? Das war ja eine gänzlich veränderte Frau, die den Heimweg antrat, und diese Veränderung hatte man an ihr wahrgenommen, seit sie von ihrem einsamen Gebet im Tempel zurückgekehrt war. Schon als sie vor dem Aufbruch zur Heimreise am letzten gemeinsamen Gebet im Heiligtum teilgenommen, war ihr Benehmen so ganz anders als früher gewesen, und wie glückselig betrat sie das Haus, das einst die Stätte so vielen Kummers gewesen. Peninna mag sich wohl den Kopf zerbrochen haben über die Ursache solcher Veränderung, aber Elkana wußte um Hannas Geheimnis, und sein Glaube wuchs an ihrem felsenfesten Vertrauen (V. 23).

Segen des Leidens. Hannas Gebet ist die Frucht einer jahrelangen Tränensaat. Nur wer viel gelitten hat, kann so beten. Völlige Ergebung, geheiligte Unterwerfung unter Gottes Willen, demütiges Flehen, Darangabe aller Hoffnung außer in Gott, kindliches Sehnen nach Seinem Reich und Seiner Gerechtigkeit, — das sind die Töne, die in vollendeter Harmonie aus dieser Frauenseele erklingen.

Die verklärte Seelenschönheit, die uns an manchen Menschen auffällt, kann nur durch Leiden gewonnen werden. Im regenlosen Ägypten leuchtet der Himmel nicht in so tiefem Blau wie in Ländern, wo die Luft von Feuchtigkeit durchtränkt ist. »Wie finden Sie ihren Gesang?« fragte einst der Lehrer einer begabten Schülerin seinen Freund. »Sehr schön«, lautete die Antwort, »aber wenn ihr Herz einmal gebrochen sein wird, so wird er noch viel schöner sein.«

Mein Leser, verzage nicht! Der anhaltende schwere Kummer, den du all diese Jahre getragen hast, der Herzenshunger, die enttäuschten Hoffnungen, das stille, scheinbar so aussichtslose Harren, das Schweigen vom Guten (Ps. 39,2. Elbf. Üb.), alles, alles war nur dazu da, um dich auf den Weg des Gebets zu bringen, um dich kindlich glauben zu lehren und um dich reif zu machen, der Welt ein unschätzbares Gut zu geben.

Es geschah Hanna nach ihrem Glauben. Selig war sie, daß sie geglaubt hatte, denn es wurde ihr vollendet, was der HERR ihr im Verborgenen geredet hatte. »Der HERR gedachte an sie, und sie gebar einen Sohn und nannte ihn Samuel, denn »ich habe ihn von dem HERRN gebeten«.

Der gute Elkana verspürte eine ganz neue Freude in seinem Herzen, als er hinauszog, um dem HERRN sein jährliches Opfer darzubringen, und es scheint, daß er diesmal etwas Besonderes opferte, denn es heißt: »Daß er dem HERRN opferte das Opfer zur Zeit gewohnt und sein Gelübde.« Hanna blieb in Ramath zurück, bis das Kind entwöhnt war, was wahrscheinlich geschah, als es das dritte Jahr vollendet hatte. Dann wurden die Knaben der Leviten bei der Zählung der Männer mitgerechnet und durften in das Haus des HERRN gehen. (2. Chron. 31,10)

Endlich war die Zeit da, wo der kleine Samuel öffentlich dem HERRN geweiht werden sollte, und die Eltern machten sich mit ihm auf die feierliche Reise. Wie ehedem voll Trauer, so war Hanna jetzt voll Jubel. Ihr Herz war fröhlich in dem HERRN, ihr Geist freute sich in Gott. Der Bettler war aus dem Staube emporgehoben und auf den Thron gesetzt. Die glückliche Mutter hatte erfahren, daß kein Hort ihrem Gott gleich war, und sie freute sich Seines Heils. Ihr Lobgesang, auf den die Mutter unseres Heilandes den ihrigen gründet, ist nur das Überströmen eines Herzens, das von Gottes Gnade ganz und gar erfüllt ist.

Die Reise naht sich ihrem Ende; schon ist das Heiligtum in Sicht, wo sie so schwer gelitten, so inbrünstig gebetet hat. Die Erinnerung überkommt Hanna. »Ich bin die Frau, die hier bei dir stand«, ruft sie Eli zu, »da ich um diesen Knaben bat. Nun hat der HERR meine Bitte gegeben, die ich von Ihm bat.«

Beachte die Worte: »Ich stand hier bei dir.« Wie innig sind oft bestimmte Orte mit bestimmten Erfahrungen verknüpft. Hier an diesem Orte mußten wir tiefe Leiden durchmachen; an jener Stätte faßten wir den Entschluß, ein neues Leben anzufangen; dort wieder hörten wir deutlich Gottes Stimme. So erging es Hanna, und dieselbe Stätte, die einst ihre Trauer gesehen, war nun Zeuge ihres Jubels. Die Freudenernte war in den Furchen aufgegangen, in die vordem ihre Tränen so reichlich gefallen waren; blauer Himmel wölbte sich, wo früher dunkle Wolken gestanden hatten.

Fasse Mut, du mein trauriger Bruder, du weinende Schwester! Leide nach dem Willen Gottes; nur hüte dich, daß du dich nicht etwa täuschst, und es um eine ungerechte, oder gar sündhafte Sache ist, daß du in Not gekommen bist. Leide um Christi willen, für eine verlorene Welt, für die dahinsterbende Menschheit. Ringe in heißem Flehen für unsterbliche Seelen. Tritt ein in die Schar derer, die sich nach dem Kommen Christi ausstrecken. Nimm auf dein betendes Herz das Wohl und Wehe einer Seele, die dir teuer ist wie die eigene, und wenn du geduldig Gottes Zeit erwartest, wird Er dich aus dem Feindesland herausholen, dir das Trauergewand abnehmen und dafür Freudenkleider schenken. Die mit Tränen säen, werden mit Freuden ernten. Sie gehen hin und weinen und tragen edlen Samen und kommen mit Freuden und bringen ihre Garben.

III.
Der kleine Levit

(1. Samuel 2 u. 3)

Flammenauge, das zur Tiefe,
Das durch alle Hüllen dringt,
Schaue, wie das Trübe, Schiefe
sich in mir zu bergen ringt.

Flammenauge, das die Tücke
Furchtbar, unerträglich schreckt,
Ach, in jedem Augenblicke
Bin ich vor dir aufgedeckt!

A. Knapp

Trotz seiner heftigen, stürmischen Natur und trotz der leidenschaftlichen Kämpfe, die er durchfechten mußte, hatte Luther ein weiches, zärtliches Gemüt, und man erzählt von ihm, daß er in ruhigen Stunden sich mit Vorliebe mit Samuels Kindheitsgeschichte beschäftigte, und welcher Bibelleser verweilte wohl nicht gern bei dem kleinen Kinde im priesterlichen, leinenen Kleid, oder mit dem Röcklein angetan, das ihm seine Mutter mitbrachte, wenn sie zum Opfer kam.

Mit welcher Sehnsucht wird Hanna jenen jährlichen Besuch herbeigewünscht haben, der für das liebende Mutterherz immer zu kurz ausfiel. Wie unbeschreiblich schwer muß es ihr gewesen sein, das kleine Kind — es war ja nur drei Jahre alt — von sich zu lassen. Aber sie war stark und wußte sich zu trösten; sie lebte in Erinnerung an jene köstliche Zeit. wo der kleine Samuel das Haus mit seinem lieblichen Geplauder erfüllt hatte, und wo sie in die empfängliche Seele des Kindes die Saat ausgestreut hatte, von welcher der Mann die Frucht ernten sollte. Noch drei Söhne und zwei Töchter wurden Hanna geschenkt. Man kann sich denken, welcher Ansporn, fromm und gehorsam zu sein, der Gedanke an den kleinen Bruder im heiligen Amt für diese Kinder war. Wie mögen sie die Mutter gebeten haben: »Erzähle uns, bitte, von Samuel«, und wie gespannt werden sie dann gelauscht haben. Gott hatte die Schmach, die Hanna still geduldet, von ihr genommen und sie zu

Ehren gebracht, und so wird es allen geschehen, welche nicht wieder schelten, wo sie gescholten werden, nicht drohen, wo sie leiden, sondern es dem anheim stellen, der da recht richtet. Gedanken der Liebe und des Friedens erfüllten der Mutter Herz, wenn sie an dem kleinen Rock arbeitete, der dem geglichen haben mag, den Maria auch wohl selbst für ihren Sohn gemacht hat: »Ungenäht, von oben an gewirkt durch und durch.«

Einfluß der Mutter. Liebe Mütter, manche von euch machen auch heute noch ihren Kindern Kleider. Ihr sitzt an der Nähmaschine oder führt mit geschickter Hand die Nadel, und keine Mühe ist euch zuviel, wenn es gilt, die Lieblinge hübsch anzuziehen. Aber es gibt ein Gewand, das mehr wert ist als das kostbarste irdische Kleid, und wäre es noch so reich verziert. Der Apostel beschreibt es uns im Brief an die Kolosser: »Ziehet an herzliches Erbarmen, Freundlichkeit, Demut, Sanftmut, Geduld.« Viele große Männer haben bekannt, daß sie ihr Bestes ihrer Mutter verdanken. Mütter, übt durch Wort und Wandel und vor allem durch eure Gottesfurcht einen veredelnden Einfluß auf das empfängliche Kindesgemüt aus. Kein Auge beobachtet so scharf wie das Kindesauge, und was Kinder sehen, machen sie nach. Wie manche Tiere in der Farbe des Fells oder Gefieders sich ihrer Umgebung anpassen, so ähnlich macht es das Kind, und ganz unbewußt wird es sich in das Gewand kleiden, das die Mutter ihm durch ihr Benehmen zeigt, es kann das der Demut oder Frechheit sein, der Höflichkeit oder Ungezogenheit, herzlicher Frömmigkeit oder kalter Gleichgültigkeit gegen Gott, je nach dem Vorbild, das es vor Augen hat.

»Und der Knabe war des HERRN Diener vor dem Priester Eli.« Er ahnte nichts von den grauenvollen Sünden, die um ihn herum geschahen. Er schlief den Schlaf der Unschuld, und durch seine tiefe Gottesfurcht, und durch die feine Art, wie er mit ihm verkehrte, gewann er sich täglich mehr die Liebe des alten Mannes. Schon jetzt zeigten sich Spuren, daß er ein Verbindungsglied zwischen Gott und dem Volke werden sollte, ein Mittler zwischen einer alten und einer neuen Zeit, zwischen den wilden Zuständen unter den Richtern und der herrlichen Friedensregierung eines Salomo.

Frevel im Heiligtum. »Aber die Söhne Elis waren Söhne der Bosheit, die fragten nicht nach dem HERRN, noch nach dem Recht der Priester an das Volk.« Die Priester erhielten für ihre Dienste keinen Sold. Das Gesetz bewilligte ihnen statt dessen bestimmte Rechte am Opfer. Das ganze Sünd- und Schuldopfer, bis auf das, was auf dem Altar verbrannt wurde, gehörte ihnen, und vom Dankopfer erhielten sie die Brust und rechte Schulter, das übrige wurde dem Spender zurückgegeben, damit er und seine Söhne und Töchter, seine Knechte und Mägde und die Leviten, die in seinen Toren waren, davon essen sollten. (5. Mose 12,12.) Es war in der Ordnung, daß die da opferten, von dem Opfer aßen, und die des Altars pflegten, des Altars genossen. (1. Kor. 9,13.)

Das erste, was beim Dankopfer geschah, war, daß der Altar mit dem Blut des Opfertieres besprengt wurde, dann wurde das Fett darauf geopfert; niemals genossen die Israeliten das Fett, es wurde immer verbrannt, Gott zu einem süßen Geruch. (3. Mose 3, 16.17.) Nach dieser feierlichen Handlung wurden die rechte Schulter und die Brust des Tieres vor dem HERRN »gewebt«, d.h. Ihm dargestellt. Dann nahmen die Darbringer des Opfers ihren Anteil in Empfang und begaben sich mit den Ihrigen zum fröhlichen Mahl.

Dies war der Augenblick, auf den Elis Söhne warteten. Was ihnen vom Opfer gesetzlich zukam, das war für diese habsüchtigen Menschen lange nicht genug. Sie schickten ihren Diener mit einer großen Gabel an den Ort, wo das Mahl zubereitet wurde, und während das Fleisch noch kochte, stieß er mit seinem Dreizack in den Topf, und was er hervorzog, nahm er für seine Herren mit fort. »Also taten sie dem ganzen Israel, die daselbst hinkamen zu Silo.«

Bald aber befriedigte auch dieser Raub die gierigen Seelen nicht mehr. Sie fingen an, nachdem sie bereits Brust und Schulter des Opfers in Empfang genommen hatten, noch mehr von dem rohen Fleisch zu verlangen, weil ihnen angeblich die Art, wie der Spender es zubereitete, nicht mundete. Wollte man ihnen nicht willfahren, so weigerten sie sich, das Fett auf dem Altar anzuzünden, was der wichtigste Teil des Opfers war, welchen der Darbringer immer abwarten mußte. Nun aber wagten die Geschädigten Widerspruch zu erheben. »Wartet wenigstens«, wurde den Abgesandten der Priester entgegnet, »bis dem HERRN Sein Anteil geopfert ist, ehe ihr euren Raub vornehmt. Zündet das Opfer an, wie es sich gebührt, und danach nehmt, was euer Herz begehrt.« »Nein«, war die ruchlose Antwort, »du sollst es mir jetzt geben, wo nicht, so will ich's mit Gewalt nehmen.« »Darum war die Sünde der Männer sehr groß vor dem HERRN, denn die Leute lästerten das Speiseopfer des HERRN« (Kap. 2,16.17).

Brüder, Angst und Zittern sollte uns überfallen. Wir, die wir uns Knechte Jesu Christi nennen, tun wir vielleicht Dinge, oder schweigen wir zu Sachen still, die Schande auf den heiligen Namen bringen, nach dem wir genannt sind, und der Welt einen Widerwillen dagegen einflößen? Prüfen wir vor Gott unseren eigenen Wandel, prüfen wir die Lehre, die wir verkünden, und unsere gemeindlichen Einrichtungen. Der HERR sendet Seine Knechte aus zur Stunde des Abendmahls, die Geladenen zu rufen, aber sie wollen nicht kommen und fangen an, sich zu entschuldigen. »Die Gläubigen, wie sie sich nennen«, sagen sie, »beeilen sich gar nicht, ihre Schulden zu bezahlen; sie sind bei jeder Gelegenheit voller Ausflüchte, machen die schönsten Versprechungen, aber das Halten steht auf einem ganz anderen Blatte; man kann sie schwer zufriedenstellen; gegen Geschäftsleute und Angestellte sind sie anspruchsvoll und rücksichtslos; sie sind so empfindlich und verdrießlich, und in Geschäftssachen habe ich viel lieber mit einem ehrlichen Weltmenschen zu tun.« »Nein«, sagen andere, »ihr schildert Gott, der ein Vater der Menschen sein soll, so grausam wie Moloch, da will ich lieber kein Christ sein.«

Brüder, schlagen wir an unsere Brust, sind diese Vorwürfe begründet oder nicht?

Das Stehlen des Opferfleischs war nicht die einzige Sünde, die Hophni und Pinehas begingen; sie ließen sich in den Wäldern und Weingärten von Silo die furchtbarsten Ausschreitungen des Heidentums zuschulden kommen. Schändliche Gebräuche waren von Urzeiten her mit heidnischen Festen verknüpft, aber niemals hatten die Priester von Aarons Stamm ihre heiligen Gewänder damit befleckt. So lasterhaft waren Elis Söhne, daß sie sich kein Gewissen daraus machten, obwohl sie Ehefrauen hatten, die Frauen zu verführen, welche im Heiligtum angestellt waren, um die Arbeiten zu verrichten, welche weibliche Hände erforderten.

Vorstellungen bei Eli halfen nichts; er erfuhr von dem empörten Volk die Schandtaten seiner Söhne, aber er konnte sich nicht zum Einschreiten dagegen aufraffen. Statt strenge Zucht walten zu lassen, begnügte er sich mit einem milden Tadel: »Nicht, meine Kinder, das ist nicht ein gut Geschrei, das ich höre; ihr machet das Volk des HERRN übertreten. Wenn jemand wider einen Menschen sündigt, so kann es der Richter schlichten, wenn aber jemand wider den HERRN sündigt, wer kann für ihn bitten?«

Gott sprach ein furchtbares Gericht über Eli und sein Haus aus und erklärte es dem jungen Samuel damit, daß Eli von den Schandtaten seiner Söhne gewußt hätte, »und hat ihnen nicht gewehrt«. Er hatte sie getadelt, aber nicht an ihrer Sünde gehindert. Wenn sie auch den Vorwurf des Vaters nicht achteten, ihrer Amtsentsetzung durch den Hohenpriester hätten sie sich nicht widersetzen können, denn er war die höchste Autorität im Lande. Diese unbegreifliche Nachsicht war der Grund, weshalb Eli unter Gottes Gericht fiel und seines Amtes enthoben wurde. »Darum spricht der HERR, der Gott Israels: Ich habe geredet, dein Haus und deines Vaters Haus sollten wandeln vor Mir ewiglich. Aber nun spricht der HERR: Es sei fern von Mir, sondern wer Mich ehrt, den will Ich auch ehren, aber wer Mich verachtet, der soll wieder verachtet werden.« (Kap. 2,30).

Häusliche Erziehung. Eine furchtbare Warnung liegt in dieser Geschichte. In der Gemeinde und in der Welt eine hohe Stellung einnehmen, aber die eigene Familie vernachlässigen, kommt es nicht oft vor? Wir sind für unsere Kinder verantwortlich. Wenn wir sie nicht im Zaum halten, aus falscher Nachsicht und Bequemlichkeit bei ihren Sünden ein Auge zudrücken und sie ihnen nicht wehren, so ist das für uns auch Sünde, und unausbleiblich wird ihre und unsere Strafe sein. Lieber weniger in der Gemeinde und im Staat leisten, als daß unsere Kinder sich selbst zum Elend und uns zum ewigen Vorwurf aufwachsen. Die unerläßliche Bedingung, um in den ersten Gemeinden einen Dienst tun zu können, war, daß der Bewerber seinem eigenen Haus wohl vorstand. Verstand jemand nicht, seine Kinder zum Gehorsam zu erziehen mit aller Ehrbarkeit und sein Haus wohl zu regieren, wie konnte er die Gemeinde Gottes versorgen? (1. Tim. 3,4-12) Eli hatte mit der Erziehung wahrscheinlich zu spät angefangen; weise Eltern beginnen damit in den allerersten Monaten und warten nicht, bis Trotz und Eigensinn sich ihrer Macht in dem kleinen Herzen bewußt werden. Freilich kostet es Selbstverleugnung und Überwindung des lieben Ichs, immer auf die Kinder zu achten, sie zu überwachen, zu ermahnen, und wenn nötig auch zu strafen. Aber bedenken wir, was auf dem Spiele steht, und lassen wir uns das Wort als Verheißung dienen: »Wie man einen Knaben gewöhnt, so läßt er nicht davon, wenn er alt wird.«

Vor allem trachten wir danach, daß unsere Kinder sich schon früh zu Gott bekehren. Gott ist nicht ungerecht und wird die Tränen und Gebete derer nicht vergessen, die ihre Kinder abermals mit Angst »gebären«, bis daß Christus Gestalt in ihnen gewinne.

Ich bin das Kind frommer Eltern und kann die Zeit meiner Bekehrung nicht auf den Tag bestimmen, denn die Liebe Gottes ging mir schon im frühen Alter auf und strahlte mir allmählich immer heller, wie die Morgendämmerung in den vollen Tag übergeht. Von ganzem Herzen unterschreibe ich die Verheißung: »Ich mache solchen Bund mit ihnen, spricht der HERR: Mein Geist, der bei dir ist, und Meine Worte, die Ich in deinen Mund gelegt habe, sollen von deinem Munde nicht weichen, noch von dem Munde deines Samens und Kindeskindes, spricht der HERR, von nun an bis in Ewigkeit.« (Jes. 59,21.)

IV.
Ein furchtbarer Auftrag

(1. Samuel 3)

Dreimal hat der HERR gerufen
Samuel um Mitternacht,
Der zu Silo an den Stufen
Vor der Bundeslade wacht;
Dreimal eilt das Kind geschwinde:
»Eli, sprich, was riefest du?«
Eli murrt: was träumt dem Kinde?
»Geh, und lege dich zur Ruh.«

Aber als zum dritten Male
Samuel den Alten weckt,
Plötzlich wie vom Blitzesstrahle
Wird des Priesters Geist erschreckt:
»Knabe, geh, und leg dich nieder;
Gott, der HERR, verlangt nach dir,
Horche still, und ruft es wieder,
Sprich: »O HERR, Dein Knecht ist hier.«

Wie liebliche Musik mitten im tosenden Sturm klingen im Verlauf dieser Erzählung alle Hinweise auf den kleinen Samuel; ganz augenscheinlich soll der Gegensatz zwischen seiner reinen Unschuld und dem wüsten Treiben von Elis Söhnen hervorgehoben werden.

Hanna sprach: »Ich will ihn bringen, daß er vor dem HERRN erscheine und bleibe daselbst ewiglich.« »Und sie brachte ihn mit sich hinauf und brachte ihn in das Haus des HERRN zu Silo, ...der Knabe aber war noch jung.« »Der Knabe war des HERRN Diener vor dem Priester Eli.« »Aber die Söhne Elis waren böse Männer, die fragten nicht nach dem HERRN... Samuel aber war ein Diener vor dem HERRN.« Eli aber war sehr alt und erfuhr alles, was seine Söhne taten dem ganzen Israel ... aber der Knabe Samuel ging und nahm zu und war angenehm bei dem HERRN und bei den Menschen.« »Und der HERR sprach zu Samuel: »Siehe, Ich tue ein Ding in Israel, daß wer das hören wird, dem werden beide Ohren gellen... Samuel aber nahm zu, und der HERR war mit ihm, und fiel keins unter allen seinen Worten auf die Erde.«

Sein Leben scheint eine ununterbrochene Kette tadelloser Reinheit und Lauterkeit gewesen zu sein. Ein Lebenszweck zieht sich wie ein roter Faden durch alle seine Jahre, darum reihen sie sich aneinander wie eine schöne Perlenschnur ohne Lücken, ohne unechte Stellen, die das Licht der Wahrheit nicht vertragen. Der strengste Kritiker findet in Samuels Lebenswandel nichts, was Begriffe wie Genußsucht oder Sinnlichkeit auch nur streift. Er ließ sich keine gesetzlose Handlung zuschulden kommen in einer Zeit, wo das Gesetz nichts galt. Im Schmuck der grauen Haare konnte der alternde Prophet ohne Scheu an das Urteil und Gewissen des Volkes appellieren, denn er wußte, daß sein Leben klar und offen in unantastbarer Rechtschaffenheit vor aller Augen lag. (Kap. 12.)

Ein großer Mann, zum Herrschen geboren, voll Kraft und Verstand und von unbestechlicher Gerechtigkeit, der mit seltener Weisheit das Volk durch jene kritische Übergangszeit leitete, ragt er weit über seine Zeitgenossen hinaus, einem Berggipfel gleich, der im hellsten Sonnenlicht strahlt, während die Täler in Nebel gehüllt sind.

Samuel war kein Prophet in dem Sinn, daß er zukünftige Ereignisse voraussagte; auch besaß er nicht die Geistesgröße und zündende Beredsamkeit eines Jesaja. Er wirkte einzig durch seinen heiligen Lebenswandel und die sittliche Größe seines Charakters, und durch diese Faktoren bewahrte er sein Volk vor dem Untergang.

Vielleicht werden auch wir eine Zeit des Übergangs und der Veränderung erleben. Das Alte vergeht, und das Neue kommt. Es kann geschehen, daß noch zu unsern Lebzeiten Gott der HERR nicht allein die Erde erschüttern wird, sondern auch den Himmel bewegen, damit da bleibe das Unbewegliche. Es kann eine Zeit kommen, wo Merksteine entfernt werden, so bekannt und heilig wie die Stiftshütte und die Bundeslade in Israel. Aber eins gibt es, das alles überdauert, das im Lauf der Zeiten nicht verblaßt, und das ist ein lauterer Charakter und ein reines Herz, die sich in einem reinen Lebenswandel äußern.

Das ist das kostbarste Geschenk, das wir dem HERRN, den Geschwistern, unserm Vaterland und Jahrhundert machen können. Brüder, auf! Wir wollen unser bestes tun in der Kraft des Heiligen Geistes und der Welt beweisen , daß der Gott der Pfingsten noch lebt, und der HERR, unser Gott, sei uns freundlich und fördere das Werk unserer Hände bei uns, ja, das Werk unserer Hände wolle Er fördern.

Ein Volk wird nicht geschützt,
Ein Thron wird nicht gestützt
Durch Heere, noch durch Speere,
Sondern durch Charaktere.

I. Glaubenserfahrung. Der kleine Samuel war ein frommes Kind, aus frommem Hause hervorgegangen, aber bis jetzt war er auch in geistlicher Beziehung nur das Kind seiner Mutter. Von dem Feuer ihres Glaubens nährte sich auch der seinige, und sein religiöses Leben baute sich gänzlich auf dem ihrigen auf; das mußte sich jetzt ändern. Anerzogenes und Herkömmliches mußte eigene Erfahrung werden. Der Glaube des Knaben darf sich nicht mehr auf die Aussagen und Lehren anderer Menschen — auch nicht auf die der geliebten Mutter — gründen, sondern auf die selige, erlebte Tatsache, daß er selbst das Wort des Lebens gesehen, beschaut und betastet hat. Nicht durch Vermittlung, nicht aus zweiter Hand, sondern direkt aus der Gnadenquelle muß das Wort des HERRN zu ihm kommen, um an Israel weitergegeben zu werden.

Diese große Veränderung geht mit jedem Menschen vor, der sich verlangend danach ausstreckt. Du, lieber Leser, bist vielleicht das Kind frommer Eltern, von klein auf im christlichen Glauben erzogen. An deiner Wiege schon erklangen Lieder vom Heiland, die Mutter lehrte dich beten und Gott in Einfalt dienen, und auf dem Segensstrom elterlichen Glaubens hast du dich so sachte zwischen blumigen Ufern und lieblichen Gestaden weitertreiben lassen. Halt einen Augenblick ein, wenn dieser Strom plötzlich versiegte, oder wenn drohende Felsen seinen Lauf hemmten, wo bliebst du? Hast du Christus für dich ergriffen als den Lebendigen und immer Gegenwärtigen, als die größte Realität aller Realitäten? Vielleicht wird Gott aus reiner Barmherzigkeit plötzlich einmal alles Angelernte, alle äußeren Formen, auf welche du dich so gern verläßt, zunichte machen, damit das Ewige und Göttliche dir aufgeht, damit du es ganz allein ohne menschliche Zutaten erfaßt, so, als ob es ganz allein nur für dich existierte und bestimmt wäre.

Großer Moment, vielleicht größter Moment im Leben eines Menschen, wenn das Gewohnheits-Christentum gegen die lebendige Erfahrung Gottes ausgetauscht wird, wenn man mit Hiob sagen kann: »Ich habe Dich mit den Ohren gehört, und mein Auge siehet Dich auch nun,« wenn das Apostelwort zum Lebensspruch wird: »Ich vergesse, was dahinten ist und strecke mich zu dem, das da vorn ist, und jage nach dem vorgestreckten Ziel.«

Kannst du — willst du — glauben, daß Gott dir sehr nahe ist und sich dir in Jesus Christus in einer Weise zu erkennen geben will, wie Er es der Welt gegenüber nicht kann? Er will dein Leben ganz verwandeln, dich aus dem schwülen Tal der Gewohnheit hinaus und auf die lichte Höhe der Erfahrung führen, und wenn du auch in denselben äußeren und vielleicht schwierigen Verhältnissen bleibst, sie sehen sich nun ganz anders an; wie der Wanderer von einem Berggipfel die Landschaft klar überschaut, die unten unverstanden vor ihm lag.

II. Gottes Offenbarung. Von dem jungen Samuel waren bislang nur geringe Dienste gefordert worden. Die Tür am Hause des HERRN zu öffnen und zu schließen, den siebenarmigen Leuchter anzuzünden und ihn jeden Morgen mit frischem Olivenöl zu füllen, dem greisen Hohenpriester kleine Handreichungen zu tun, das waren die ihm auferlegten Pflichten, die er mit großer Gewissenhaftigkeit erfüllte. Alles nur geringfügige Leistungen, aber er war im Kleinen treu, und die Offenbarung, deren Gott ihn würdigte, war ein Siegel auf diese Treue; der Zeitpunkt war gekommen, wo Samuel über viel gesetzt werden sollte.

Der Knabe hatte sich in seiner kleinen Kammer, die an die Stiftshütte angrenzte, zur Ruhe begeben. Friedlich schlummernd lag er auf seinem Bett; vielleicht färbte im Osten die Morgendämmerung den Himmel mit dem ersten rosigen Schimmer, denn die Lampe Gottes war noch nicht erloschen, da wurde das schlafende Kind plötzlich durch einen Ruf erweckt; deutlich hörte es von sanfter, liebevoller Stimme seinen Namen nennen, es mußte Eli sein, der nach ihm verlangte, und schnell sprang er auf und lief zu seinem Herrn; aber Eli hatte nicht gerufen. Dreimal wiederholte sich der Ruf, das Aufstehen und Hinlaufen zu Eli mit den dienstbereiten Worten: »Siehe, hier bin ich, du hast mich gerufen.«

Wenn uns Gott in Seiner unaussprechlichen Gnade nahe tritt, um uns Seinen Sohn zu offenbaren, dann möchten wir unruhigen

Menschenkinder immer in alter Geschwindigkeit zu einem geistlichen Ratgeber hinlaufen, der uns die Sache erklärt.

Neubekehrte sagen gern: Wenn ich nur diesem oder jenem Gottesmann die Fragen, die mich so beunruhigen, vorlegen könnte, dann wäre mir geholfen! So laufen sie von einem zum andern und bleiben in ewiger Unruhe.

Eli behandelte den Knaben sehr weise, weder Eifersucht noch Mißtrauen regten sich in seinem Herzen. Er hätte sich so leicht als einzigen Dolmetscher göttlicher Dinge aufspielen, sich auf diese Würde und Macht seines Amtes stützen und den eifrigen Knaben warnen können, auf Phantastereien Wert zu legen. Aber ohne eine Spur verletzter Amtswürde oder Eitelkeit nimmt der Greis den Knaben sozusagen bei der Hand und führt ihn direkt in die Gegenwart Gottes. Dabei war ihm bewußt, daß sein heiliges Amt von ihm genommen und den jungen Händen übergeben werden sollte.

Wäre Eli in den Überlieferungen des Priestertums erstarrt gewesen, so hätte er sich zwischen die junge Seele und ihren Gott gestellt, hätte sich alle Erfahrungen erzählen lassen, Vorschriften gegeben und die weitere Entwicklung beeinflußt. Statt dessen sagt der alte Mann sehr sanft: »Gehe wieder hin, und lege dich schlafen, und so du gerufen wirst, so sprich: »Rede, HERR, denn dein Knecht hört.«

Ein Knecht Gottes hat nicht das Recht, über einen neu erweckten und vielleicht etwas übereifrigen Jünger das Zepter seiner geistlichen Macht zu schwingen und das Feuer der Begeisterung zu dämpfen, sonderen er soll ihn, wie Eli den jungen Samuel, bei der Hand fassen und sagen: Du brauchst mehr, als ich dir geben kann, nur Gott allein kann den Schrei deines Herzens beantworten. Geh, lege dich wieder hin, laß deine Seele vor Gott still werden und warte, denn Er wird sich dir ganz gewiß wieder nahen, und wenn du gerufen wirst, so sprich: »Rede, HERR, Dein Knecht hört.«

Thomas à Kempis sagt so schön: »Weder Moses noch ein anderer Prophet soll zu mir reden, sondern vielmehr Du rede, mein Gott und HERR, der Du begeisterst und erleuchtest alle Propheten, denn Du allein kannst ohne sie mich vollkommen belehren, und ohne Dich werden sie alle nichts schaffen.

Rede darum, o HERR, Dein Knecht hört, denn Du hast Worte des ewigen Lebens.

Rede zu mir, was meine Seele tröstet und mein ganzes Leben

bessert, Dir aber zum Lob und Ruhm und zur Ehre ewiglich gereicht.«

Ein furchtbarer Auftrag wurde dem Knaben Samuel zuteil, und es ist nicht zu verwundern, daß er nicht wagte, ihn Eli auszurichten. Bescheiden macht er sich an seine täglichen Pflichten und öffnet die Tür am Hause Gottes, denn er kann sich nicht entschließen, dem alten Mann das kommende Unheil zu verkünden. Dies ist ein sehr lieblicher Zug in dem Charakter des Knaben, aber er beurteilt Eli nicht ganz richtig. Er wußte nicht, daß Männer wie er ohne ein Wort des Widerspruchs oder der Selbstrechtfertigung sich ergeben und entschlossen sind, das Schlimmste, was ihnen bevorsteht, zu erfahren und dann in Demut sagen: »Es ist der HERR, Er tue, was Ihm wohlgefällt.«

Achte darauf, daß Gott sich Samuel durch das »Wort des HERRN« offenbarte (Vers 27). Hasche nicht nach Offenbarungen durch Träume oder Gesichte, sondern halte dich an das Wort Gottes. Die Gewohnheit, auf Träume zu warten und auf Stimmen zu lauschen, ist sehr gefährlich und kann zu allerhand ungesunden Phantasien führen. Nein, nichts davon! Nimm deine Bibel zur Hand und lies sie ehrfurchtsvoll und aufmerksam mit dem demütigen Gebet: »Rede, HERR, denn Dein Knecht hört.« Und je weiter du liest, desto deutlicher wirst du Gottes Stimme vernehmen: »Dies ist der Weg, denselben geh; dies ist Mein Wille, tue ihn; dies ist Mein Wort, verkünde es.« Gott gebe uns ein offenes Ohr, daß wir alle Worte hören, die uns der HERR gebietet!

V.
Schlag auf Schlag

(1. Samuel 4 - 7,7)

Herbe Strafe trifft die Schafe,
Deren Ohr nicht Folge gab;
Vor dem Schwerte bebt die Herde,
Die nicht folgt dem Hirtenstab.
Hab' Erbarmen mit uns Armen,
Sieh auf Ihn, der für uns bat.

Jesu, rette, brich die Kette
Unsrer Finsternis entzwei,
Daß der Glaube tief im Staube
Unser Trost und Zuflucht sei.
Hab' Erbarmen mit uns Armen;
Jesus, mach uns wieder frei!

Die oben angeführten Kapitel geben uns in knappen Umrissen die Geschichte von etwa 40 Jahren. Nur bruchstückweise hören wir in dieser Zeit von Samuel und seinem wachsenden Einfluß, aber die Ereignisse, die uns berichtet werden, sind sehr wichtig, und man muß sie kennen und verstehen, um voll zu würdigen, was Samuel für sein Volk geleistet hat. Wenn wir die Geschichte jener Jahre recht betrachten, so werden wir sehen, daß sie viel Ähnlichkeit mit der jetzigen hat, und daß Samuels Arbeit auch heute recht nötig wäre.

Das Volk war unter sich uneinig, und drohend erhob der Anarchismus sein Haupt. Nach dem Tode Josuas, Kalebs und ihrer Generation »kam nach ihnen ein ander Geschlecht auf, das den HERRN nicht kannte, noch die Werke, die Er an Israel getan hatte« (Richt. 2,10). Kein Mann, kein Stamm war imstande, ganz Israel unter ein Oberhaupt zu sammeln oder es vom Götzendienst zur alleinigen Anbetung Jehovas, des Schöpfers Himmels und der Erde, zurückzuführen, der seine Väter, die Ihm dienten, groß gemacht hatte. Der Puls des nationalen Lebens schlug sehr schwach, die Bande der Einheit wurden immer lockerer, und jeder Stamm und jede große Stadt suchte sich völlig unabhängig zu stellen. »Ein jeder tat, was recht war in seinen Augen«; mit diesen Worten drückt das Buch der Richter treffend jener Zeit den Stempel auf.

Das einzige, was die Stämme noch untereinander verband, waren die Stiftshütte mit der Bundeslade und das Hohepriestertum, aber selbst diese hinderten sie nicht am Abfall. Sie verließen den HERRN, ihrer Väter Gott, der sie aus Ägyptenland geführt hatte, und folgten andern Göttern nach, auch den Göttern der Völker, die um sie her wohnten, und beteten sie an. (Richt. 2,12.)

Unter diesen Verhältnissen war es für die benachbarten Völker sehr leicht, in das Land der Verheißung einzudringen. Bald waren es die Ammoniter von Osten her, bald die Amalekiter und Midianiter von der Wüste her, dann wieder die Philister, die sich feindliche Eingriffe erlaubten. Von Zeit zu Zeit erstanden Richter, aber ihre Herrschaft erstreckte sich nur über ein beschränktes Gebiet und brachte dem Lande auch nur kurze Zeit Segen, denn mit ihrem Tode war es mit der Ordnung bald zu Ende, auch gelang es ihnen meistens nur einen Teil des Landes von fremden Eindringlingen zu säubern. »Wenn aber der HERR ihnen Richter erweckte, so war der HERR mit dem Richter und half ihnen aus ihrer Feinde Hand. ... Wenn aber der Richter starb, so wandten sie sich und verderbten es mehr als ihre Väter, daß sie andern Göttern folgten. (Richt. 2,18.19.)

Unsere Geschichte spielt sich hauptsächlich in dem südlichen und mittleren Teil Kanaans ab, welcher noch unter dem Joch der Philister seufzte, trotz der Heldentaten Simsons, der in den ersten Jahren Samuels noch lebte. Die Philister scheinen viel Verstärkung von ihrem Stammsitz erhalten zu haben, und die Lage der Israeliten war fast unerträglich.

Diese Philister, die da so heimtückisch heranziehen, die in das Land der Verheißung einfallen, auf das sie gar keinen Anspruch haben, um das Volk zu unterjochen, dem Gott dort sein Erbe gegeben hat, gleichen sie nicht Vorgängen in unserm Seelenleben? Lüste und böse Gewohnheiten, die wir in der Kraft des auferstandenen Heilands besiegt und ausgerottet glaubten, sie erheben wieder ihr Haupt und schleichen heran, um von einem Gebiet, das ihnen nicht gehört, Besitz zu ergreifen. Wie die Philister in das heilige Land, so sucht die Welt in die Gemeinde zu dringen; wie diese Götzendiener über Israel herrschen wollten, so möchte das Böse sich des Staates bemächtigen. Die Streitkräfte der Sünde ruhen nie. Die bösen Regungen im Herzen, in der Gemeinde bekämpfen immer das Gute und suchen in Knechtschaft zu führen.

Da schreibt und schreit man gegen strenge Sonntagsheiligung: »Das Volk muß sein Vergnügen haben«, mit dieser hohlen Redensart werden die Sünden gegen das dritte Gebot bemäntelt. Geldgier und Vergnügungssucht durchseuchen alle Klassen der Gesellschaft; frech und immer frecher erhebt das Laster in allen Gestalten sein Haupt, und selbst in den Herzen gläubiger Christen streiten sich Weltliebe und Hang zum Luxus mit dem Göttlichen und Himmlischen um die Herrschaft. Alles, alles sind Philisterhorden, die sich aus den Niederungen, wo sie hingehören, nach dem Hochland des Glaubens und der Kraft schleichen. Rechte haben sie gar keine, aber sie machen sich sehr breit, und zuweilen sinkt uns der Mut sehr tief, und wir fragen kleinlaut, ob es überhaupt noch Zweck hat, Widerstand zu leisten. Wozu dieser ewige Kampf, warum nicht lieber nachgeben, dann wäre doch Ruhe. Dann wieder kommen Zeiten, wo sich unser ganzer Mensch gegen das Tyrannenjoch aufbäumt, und wir wie die Israeliten verzweifelt nach Freiheit ringen.

I. Ein verhängnisvoller Versuch. »Israel aber zog aus, den Philistern entgegen in den Streit und lagerten sich bei Eben-Ezer. Die Philister aber hatten sich gelagert zu Aphek.« Israel raffte sich auf, um das unerträgliche Joch der Philister abzuschütteln und scheint den Krieg angefangen zu haben, aber es war von Anfang an ein unglücklicher und schlecht geführter Feldzug.

Mose hatte ganz bestimmte Anweisungen gegeben, wie ein Krieg begonnen und geführt werden sollte (5. Mos. 20); aber bei dieser Gelegenheit scheint keine einzige davon befolgt worden zu sein. Kein Priester wurde gerufen, um den Willen Gottes zu erkunden und die Streitmacht zu segnen, nicht einmal Samuel, in dem das Volk bereits anfing, den Diener und Propheten des HERRN zu erkennen, wurde um Rat gefragt. Dieser Kampf war lediglich ein Aufflammen des Hasses und der Rache von Sklaven, die der Spott und Hohn und die Skorpion-Peitschen ihrer Treiber zum äußersten gebracht hatten.

Das ist der Geist, in dem auch wir bisweilen gegen die mächtigen Feinde, die uns immer wieder unterjochen, zu Felde ziehen. Wir kennen ja das Elend, zu dem ihre Herrschaft führt, wir beben bei dem bloßen Gedanken an die Schande und den Kummer, den die Unsrigen davon haben, und das bißchen Ehr- und Schamgefühl, das wir noch besitzen, bäumt sich auf, und wir beginnen den Kampf gegen unsere Peiniger. Mutig unterschreiben wir die Verpflichtung, keine berauschenden Getränke mehr zu trinken; wir schwören der Spielsucht bis hin zum Lotto ab, wir geloben, nicht mehr an den Ort zu gehen, wo die Versuchung auf uns lauert, — kurz, wir erklären unserer Lieblingssünde den Krieg auf Leben und Tod — und nach vier Wochen ist alles beim alten. Es ergeht uns nicht besser als den Israeliten; denn »zu diesem Streit hilft nicht stark sein« (Pred. 9,11).

Die eilig zusammenberufenen, schlecht bewaffneten Streitkräfte Israels erlitten eine schwere Niederlage. Viertausend Erschlagene blieben auf dem Schlachtfeld, und Furcht und Schrecken bemächtigten sich aller Überlebenden. So geht es immer, wenn Gottes Kinder ihre Rechnung ohne Ihn machen. Ihre Erziehung ist so wichtig und liegt dem himmlischen Erzieher so am Herzen, daß Er wieder und immer wieder ihre in Hochmut und blindem Selbstvertrauen gefaßten Pläne zunichte macht, auch wenn es, vom menschlichen Standpunkt angesehen, nur bittere Leiden zur Folge zu haben scheint; aber Gott, der »im Regiment sitzt«, weiß, daß Er Sein Volk dadurch in seinem Lauf auf abschüssiger Bahn aufhält und vor dem Sturz in den Abgrund bewahrt.

II. Die Bundeslade an Stelle Gottes. Am Abend der unglücklichen Schlacht kamen die Ältesten Israels zur Beratung zusammen (Kap. 4,3). Das war ihnen doch klar geworden, daß diese Niederlage auf ein falsches Verhältnis zu Gott zurückzuführen war; sie fragten: »Warum hat uns der HERR heute schlagen lassen vor den Philistern?« Sie waren sich bewußt, daß sie bei ihren Plänen Gott gar nicht in Betracht gezogen hatten, und plötzlich fiel ihnen ein wundervolles Mittel ein, Ihn auf ihre Seite zu zwingen. »Laßt uns«, riefen sie, »zu uns nehmen die Lade des Bundes des HERRN von Silo, und laßt sie unter uns kommen, damit sie uns helfe von der Hand unserer Feinde.«

Sie gedachten der herrlichen Wunder, wobei diese Bundeslade eine Rolle gespielt hatte, die Wogen des Jordans hatten sich vor ihr geteilt, die Mauern von Jericho waren umgefallen, und beim Durchzug der Kinder Israel durch die Wüste war sie ja immer vor ihnen hergezogen, und Mose hatte bei ihrem Aufbruch stets Gott um Zerstörung Seiner Feinde angerufen. Gewiß, die Bundeslade konnte ihnen auch heute helfen. Ach, die verblendeten Volksleiter sahen nicht ein, daß das bloße Vorhandensein eines heiligen Gegenstandes nicht gleichbedeutend ist mit Gottes Gegenwart; daß die sich nur bezeugen kann, wo gewisse sittliche und geistliche Bedingungen vorhanden sind, verkannten sie gänzlich.

Amulette und Zauberformeln können nicht helfen, auch nicht ein Stück der geweihten Hostie, und wenn es auch in goldener Kapsel auf der Brust getragen wird; Gebet und Glaube, das sind die Hände, mit denen wir himmlische Kräfte auf die Erde herabziehen.

Als die Bundeslade, von Leviten getragen und von Elis Söhnen begleitet, ins Lager kam, wurde sie mit Triumphgeschrei begrüßt. Eli scheint Bedenken gegen ihre Wegführung gehabt zu haben, denn »sein Herz war zaghaft über der Lade Gottes«. Aber der arme, alte Mann hatte zu oft gegen besseres Wissen nachgegeben und war nun zu schwach, um erfolgreich Widerstand leisten zu können, und niemand anders stand ihm bei, denn »da die Lade des Bundes des HERRN in das Lager kam, jauchzte das ganze Israel mit einem großen Jauchzen, daß die Erde erschallte.«

Als die Philister den Grund dieses großen Jubels vernahmen, entfiel ihnen der Mut, denn auch für sie war die Bundeslade und der allmächtige Gott ein und dasselbe; das waren in ihren Augen »die Götter, die Ägypten schlugen«. Auch sie hatten gar keinen Begriff davon, daß Gottes Hilfe abhängig ist von gewissen inneren Bedingungen, die der Mensch zu erfüllen hat. »Wehe uns«, schrien sie, »denn es ist vorhin nicht also gestanden. Wehe uns, wer will uns retten von der Hand dieser mächtigen Götter?«

Diesen grob sinnlichen Vorstellungen sowohl der Israeliten wie ihrer Gegner, mußte ein für allemal ein Ende gemacht werden. Ganz klar und unzweideutig sollte ihnen bewiesen werden, daß der äußerliche Besitz der Bundeslade ganz wertlos war, solange nebenbei an fremden Göttern und Astharoth festgehalten und die Greuel der Heiden schamlos mitgemacht wurden. (Kap. 7,3.4.) Fromme Worte, Vertrauen auf heilige Abzeichen, Berufung auf frühere Fälle von Gottes Hilfe, an die wir uns dankbar und ehrfurchtsvoll erinnern, alles, alles ist völlig umsonst, wenn das Herz nicht richtig steht, und die Hände unrein sind. »Wo ich Unrechtes vorhätte in meinem Herzen, so würde der HERR nicht hören« (Ps. 66,18).

Die Philister rafften sich nun ihrerseits auch zu verzweifelten

Anstrengungen auf, denn sie glaubten ja, nicht nur sterblichen Menschen gegenüber zu stehen, sondern den Göttern, die ehemals Israel von Sieg zu Sieg geführt hatten. Sie schritten zur Schlacht, und ihre Anführer spornten sie mit den begeisterten Worten an: »So seid nun getrost und Männer, ihr Philister, daß ihr nicht dienen müsset den Hebräern, wie sie euch gedient haben. Seid Männer und streitet!«

Der Ausgang der Schlacht war für Israel verhängnisvoll: »Israel wurde geschlagen, und ein jeglicher floh in seine Hütte; und es war eine große Schlacht, daß aus Israel fielen dreißigtausend Mann Fußvolk.«

Um die Bundeslade häuften sich die Leichen am meisten, denn die Hebräer kämpften wie rasend, um das Symbol ihres Glaubens zu verteidigen; umsonst! Das Heiligtum wurde geraubt und Hophni und Pinehas erschlagen. Was Samuel Eli vorausgesagt hatte, war geschehen.

Ein Mann aus dem Stamme Benjamin, der dem Tode entronnen war, machte sich auf, um Eli die furchtbaren Nachrichten zu bringen. Er zerriß sein Gewand und streute Erde auf sein Haupt, sich so schon äußerlich als Unglücksboten kennzeichnend. In allen Städten und Dörfern, die er zu passieren hatte, verkündete er die Trauernachricht, und überall erhob sich Wehegeschrei. Immer mächtiger schwollen die Klagelaute an, bis sie ihren Höhepunkt in der Stadt des Hohenpriesters erreichten, der Hauptstadt, soweit man in dem zerrissenen Lande von einer solchen sprechen kann.

»Da der Mann in die Stadt kam, sagte er es an, und die ganze Stadt schrie.« Durchdringendes Jammergeschrei erhob sich in der stillen Abendstunde. Unglückseliges Silo! Dein Heiligtum ist fort, dein Gott augenscheinlich auch, deine streitbaren Männer sind erschlagen, wer kann die Sieger hindern, triumphierend und gewalttätig in deine schutzlosen Mauern einzuziehen?

Der alte, blinde Eli hatte sich in seiner Herzensangst auf seinen Stuhl führen lassen, der am Eingang in den Hof zur Stiftshütte stand, also unweit der Landstraße. Ahnungen kommenden Unglücks beunruhigten ihn, und als sich der Lärm erhob, fragte er die umstehenden Priester, oder vielleicht seinen lieben Samuel: »Was ist das für ein lautes Getümmel?«

Da stürmt der Bote herein, sagt dem Hohenpriester, wer er ist, und woher er kommt, und auf die ängstliche Frage des Greises: »Wie gehet es zu, mein Sohn?« stößt er ohne jedes vorbereitende Wort, ohne auch nur den geringsten Versuch zu machen, die entsetzliche Kunde zu mildern, in einer Stufenfolge sich immer steigernder Schreckensnachrichten, die Unglücksbotschaft hervor: »Israel ist geflohen vor den Philistern, und ist eine große Schlacht im Volke geschehen, und deine zwei Söhne, Hophni und Pinehas, sind gestorben, dazu die Lade Gottes ist genommen.«

Schweigend hörte der alte Mann zu; die drei ersten Nachrichten trafen ihn schwer, aber nicht tödlich; als er aber vernahm, daß die Lade Gottes in die Hände der Heiden gefallen war, »da fiel er zurück vom Stuhl am Tor und brach das Genick und starb.«

Sterbend faßte die Witwe des Pinehas alle Schrecken der Lage in das einzige Wort zusammen, das sie ihrem zu früh geborenen Sohn als Namen gab: »Ikabod« — »die Herrlichkeit ist von Israel gewichen.« Traurig, daß sie zur Witwe geworden, traurig, daß Eli gerade in dem Augenblick gestorben, wo man eines Hohenpriesters so dringend bedurfte, aber am traurigsten war der Raub der Lade Gottes, denn damit war alle Herrlichkeit von Israel gewichen. Du kaum bekannte Frau, du bist würdig, einer Hanna an die Seite gestellt zu werden; denn die gleiche Hingabe an Gott und Sein Haus beseelen dich.

In wilder Eile räumten die Israeliten die Stiftshütte hinweg und verbargen sie mit den heiligen Geräten, später finden wir sie in Nobe wieder (1. Sam. 21,1). Kaum war die Arbeit des Abbruchs und Fortschaffens der Hütte vollendet, so überfielen die Philister wie eine verheerende Flut die verlassene Stadt. »Gehet hin«, spricht Gott durch den Propheten Jeremias, »an Meinen Ort zu Silo, wo vorhin Mein Name gewohnt hat, und schauet, was Ich daselbst getan habe, um der Bosheit Meines Volkes Israel.« Eine ergreifende Stelle im 78. Psalm läßt uns das fernere Schicksal der unglücklichen Stadt ahnen.

Gott hörte es und ergrimmte,
und Er verwarf Israel völlig.
Er gab die Wohnung zu Silo auf,
das Zelt, in dem Er unter den Menschen wohnte.
Und Er gab Seine Kraft in Gefangenschaft
und Seine Herrlichkeit in die Hand des Bedrängers.

Er gab Sein Volk dem Schwert preis,
und gegen Sein Erbe ergrimmte Er.
Seine jungen Männer fraß das Feuer,
und Seine Jungfrauen wurden nicht besungen.
Seine Priester fielen durch das Schwert,
und Seine Witwen weinten nicht.

Psalm 78,59-64

III. Der verehrungswürdige Name Gottes. Der folgende Abschnitt zeigt uns, wie den heidnischen Völkern allmählich eine Ahnung von dem wahren Wesen Gottes aufging. Gott mußte dazu die Wege wählen, die Er einschlug, denn anders waren die Philister nicht von Seiner Heiligkeit und Macht zu überzeugen.

Mit großem Triumph brachten die Philister die Bundeslade in ihren Götzentempel. Sie hatten ja nicht nur die Israeliten besiegt, sondern — wie man mit Händen greifen konnte — auch ihren mächtigen Gott. Dagon konnte mehr leisten als der Gott der Hebräer. Bei diesem Glauben durften die Heiden nicht gelassen werden, das hätte auf alle Zeiten hinaus Unheil angerichtet. Wie vor Jahrhunderten in Ägypten, so mußte Gott der HERR jetzt im Philisterland Seine Erhabenheit und unantastbare Macht beweisen. Er ist der HERR und kann Seine Ehre keinem andern geben, noch Seinen Ruhm den Götzen, und darum paßte Er die Offenbarung Seiner selbst dem Verständnis dieser rohen Götzendiener an und begegnete ihnen auf ihrem eigensten Gebiete und schlug sie mit ihren eigenen Waffen.

Ein Prophet, der mit gesalbten Lippen den Willen Gottes verkündet hätte, hätte ihnen gar keinen Eindruck gemacht; wer es gewagt, gegen die Verehrung ihres Nationalgottes Dagon auch nur ein Wort zu sagen, wäre verhöhnt und gesteinigt worden. Als man aber an zwei aufeinanderfolgenden Morgen das Götzenbild vor der Bundeslade am Boden liegend fand, und am zweiten Morgen Kopf und Arme vom Rumpf getrennt waren, so daß nur der Fischschwanz, in den die Figur auslief, noch heil war, und man deshalb das Bild nicht wie am ersten Tage einfach wieder aufrichten und an seinen Platz stellen konnte, da wurde diesen Heiden doch bange zumute; sie beschlossen, die Bundeslade schleunigst in eine andere Stadt zu schicken.

Aber dieses Mittel schlug fehl, die Schrecken mehrten sich. Wo die Lade hinkam, brach an den Menschen eine böse Beulenseuche aus, und die Felder wurden von einer Mäuseplage heimgesucht. Da erkannten die Philister, daß beim Umfallen des von ihnen verehrten Götzenbildes eine höhere Macht die Hand im Spiel hatte.

Denken wir ja nicht, daß Gott, dessen Wesen Liebe ist, kein Mitleid mit diesen armen Heiden hatte; aber es gab kein anderes Mittel, um sie von Seinem wahrhaftigen Dasein und Seiner alles beherrschenden Macht zu überführen. Die Plagen, die über Ägypten hereinbrachen, waren nicht nur die Strafe für Pharaos Hochmut und Eigensinn, sondern sie sollten auch dazu dienen, die Ägypter zu überzeugen, daß der Gott Israels, von dem ihnen hin und wieder eine Ahnung aufgedämmert war, der alleinige Gott Himmels und der Erden war. Wie damals die Ägypter so erbebten jetzt die Philister; es war auch zu furchtbar: ihr höchster Gott zu Boden geschmettert, sie selbst von böser Seuche befallen, und die Feldfrüchte vernichtet — ja, der HERR Zebaoth, der Gott der verachteten Hebräer, war größer als alle Götter, die sie verehrten, und das Geschrei der Stadt stieg zum Himmel (V. 12).

Wir gewinnen durch diese Erzählung einen Einblick in die Wege, die Gott mit den Menschen geht. Die größte Offenbarung Seiner selbst, die Er den Menschen zugedacht hat, ist Sein einziger Sohn. »Niemand hat Gott je gesehen, der eingeborene Sohn, der in des Vaters Schoß ist, der hat ihn kundgemacht.« Aber zu jener Zeit konnte der Sohn Gottes noch nicht geoffenbart werden. Es geht im Reich Gottes der Heilszeit entsprechend vorwärts. Gott rechnet mit der »Zeit der Unwissenheit« und redet die Sprache, die die Menschen verstehen können. Auch unser Heiland hat das getan und gewährte in unbeschreiblicher Herablassung dem zweifelnden Thomas einen Anschauungsunterricht, den dieser Jünger selbst begehrte, und den er begreifen konnte.

Wären die Philister für Briefe, wie die Apostel sie geschrieben haben, reif gewesen, so wären sie geschrieben und ihnen durch einen Gottesmann mitgeteilt worden; aber diese Unterrichtsmethode wäre zu hoch gewesen, und Gott packte die verstockten Heiden durch den Sturz ihres Götzen, durch die Plagen, die überall auftraten, wo die Bundeslade hinkam, und dadurch, daß Er unvernünftige Tiere, die eben von ihren Jungen fortgenommen und vor den Wagen der heiligen Lade gespannt worden, ungeführt und ungetrieben den direkten Weg nach der jüdischen Grenze einschlagen ließ.

Die Bewohner von Beth-Semes mußten auch erst durch eine harte Lektion lernen, daß Gott ein heiliger, eifriger Gott ist, und Sein Heiligtum nicht mit lüsterner Neugier und mangelnder Ehrfurcht behandeln läßt. Neugierig in die Bundeslade zu schauen, wie sie es taten, war auch den Priestern, ja, sogar dem Hohenpriester verboten; wie durften sie es da wagen. Als Aarons Söhne am Tage ihres ersten Opfers umkamen, da hatte Gott durch Mose verkündigen lassen, daß Er an denen, die Ihm nahen, geheiligt werden und vor allem Volk herrlich werden wird. (3. Mos. 10,3.)

Auch die Geräte des Heiligtums sollten mit Ehrfurcht behandelt werden, und es waren ganz bestimmte Vorschriften darüber gegeben. Nicht jeder Levit durfte die Bundeslade schauen, Priester mußten sie vorher sorgfältig verhüllen, ehe sie auf dem Zug durch die Wüste von den dazu verordneten Trägern aufgehoben und vor dem Volke hergetragen wurde. (4. Mos. 1,50.51 und Kap. 4,5 u. 16-30.)

Die dreiste Neugier der Leute von Beth-Semes hatte furchtbare Folgen, fünfzigtausend und siebenzig Menschen starben. Da erkannten die erschrockenen Überlebenden die Majestät Gottes und riefen bebenden Herzens: »Wer kann stehen vor dem HERRN, solchem heiligen Gott?«

Die Lade wurde nun in Ehrfurcht nach Kirjath-Jearim, wo die Ernte golden auf den Feldern stand, gebracht und Abi-Nadab und seinem Sohne Eleaser übergeben, und hier war lauter Segen ihr Gefolge, denn unser allmächtiger Gott ist auch ein barmherziger Gott. Er wohnt nicht nur in der Höhe und im Heiligtum, sondern auch bei denen, die zerschlagenen und demütigen Geistes sind, und die sich fürchten vor Seinem Wort.

Liebe Leser, fürchtet Gott nicht mit feigem, verzagtem Herzen, sondern in ehrfurchtsvoller Hingabe und treuer Liebe. Öffnet euer Herz zur Aufnahme dessen, den Gott dargestellt hat zu einem Gnadenstuhl, und der die Sühnung für unsere Sünden ist. Das ist der Gnadenstuhl mit Blut besprengt, der die Tafeln des Gesetzes verdeckt.

VI.
Stille Tätigkeit

(1. Samuel 7, 1-4)

Auf Dich seh' ich,
Mit Dir geh' ich,
Jesus Christus, starker Held,
Der durch Kriege
Führt zum Siege
Über Sünde, Tod und Welt.

Sei im Streite
Mir zur Seite,
Kämpfe für mich, wo es gilt.
Wie's dann gehe,
Ich bestehe,
Denn mich deckt des Glaubens Schild.

Was tat denn Samuel in all den Unglücksjahren, die über Israel hereinbrachen? Die Geschichte hat lange von ihm geschwiegen, aber die Kräfte, die im Verborgenen arbeiten, sind oft die wirksamsten.

Es geht im Geistesleben zu wie im natürlichen. Haben wir uns verletzt, oder ein Glied gebrochen, so setzt die Natur ganz still mit ihren heilenden Kräften ein; die Wunde schließt sich, der gebrochene Knochen wächst zusammen, und der Leib wird wieder hergestellt. — Auf geistigem und geistlichem Gebiet macht Gott es ebenso. Schäumende Sturzbäche des Aufruhrs tosen dahin und reißen Weg und Steg mit fort — eine ruhige und gehorsame Hand schlägt im göttlichen Auftrag die Brücke darüber; öde Wüsten gähnen, wo einst fruchtbare Felder standen — ein stiller und sanfter Geist schafft darin Oasen der Ordnung und Fruchtbarkeit. Gesegnete Arbeit! Sie gleicht der des Allmächtigen, als Er anfing, die wüste und leere Erde allmählich zum menschlichen Wohnsitz zu gestalten.

Diesem Werk widmete sich Samuel die zwanzig Jahre, die auf die Schlacht von Aphek folgten. Der Sieg der Philister war nicht von so großen Erfolgen begleitet gewesen, wie man annehmen könnte, denn sie scheinen sich aus den inneren Provinzen des jüdischen Landes zurückgezogen zu haben. So konnte er still und unauffällig die Arbeit zum Wohl seines Volkes fortsetzen, ohne daß die Feinde es merkten und sie zunichte machten.

Samuel scheint sich seine Geburtsstadt Ramath zum Wohnsitz erkoren zu haben. Dort war das Hauptquartier, wo das junge Israel sich um ihn versammelte und der Kern zu den Prophetenschulen gelegt ward. Dort auch verheiratete er sich, und zwei Söhne wurden ihm geboren. Die Namen dieser Knaben beweisen, wie gottesfürchtig ihr Vater war, und wie all sein Tun und Denken mit Gott zusammenhing. Joel bedeutet: »Dessen Gott, der HERR, ist«, und Abia: »Der HERR ist sein Vater.«

Trotz der wahrhaft entsetzlichen Zustände, die damals auf religiösem Gebiete herrschten, wo die ganze Religion sozusagen umgestoßen war, die Bundeslade sich an einem Orte und die Trümmer der Stiftshütte an einem andern befanden, ohne die Gottesdienste und Feste, die den Glauben neu beleben, hat Samuel es doch fertig gebracht, ein Leben mit Gott zu führen und fromm zu bleiben.

Darum gestattet Gott wahrscheinlich so oft den Umsturz; alt Hergebrachtes wird umgestoßen und das Bewegliche, was gemacht ist, verändert, damit das Unbewegliche, das Unsichtbare und Ewige auf dem wechselnden Hintergrund der veränderlichen, irdischen Umstände sich desto deutlicher abzeichne und dem unruhigen Menschengeist als das einzig Bleibende und Erstrebenswerte vor die Augen trete.

»Ich will zunichte, zunichte, zunichte machen« (Hes. 21,27), scheint Gott auch in der heutigen Zeit zu rufen. Dreiste Hände greifen die Lehre der Inspiration an, freche Zweifel wagen sich an den Glauben heran, zerstörende Mächte regen sich inmitten der Gemeinde, aber aus allen Anfechtungen geht der wahre Glaube in ungetrübtem Glanz hervor wie Gold aus dem Schmelzofen.

Sagen wir nur immer wie Samuel: »Der HERR ist Gott«, und »Gott ist mein Vater«, und klammern wir uns an die unwandelbare Liebe dieses Vaters an, mit der sich nichts weder im Himmel noch auf Erden vergleichen läßt.

Sollte Israel seiner traurigen Lage entrissen werden und auf die Stufe kommen, wo es dem göttlichen Plane nach hingehörte, so waren zwei Bedingungen zu erfüllen, das wußte Samuel.

Erstens mußte das Bewußtsein, ein zusammengehörendes Volk

zu sein, wieder erwachen. Es war unmöglich, das Land gegen die feindlichen Einfälle von allen Seiten zu behaupten, so lange wie jeder Stamm ein abgeschlossenes Dasein für sich führte, seine eigenen Grenzen zwar gegen den Feind verteidigte, aber sich vollständig gleichgültig gegenüber dem Schicksal der benachbarten Stämme oder des Volkes im ganzen verhielt. Israel mußte wieder zu einem Volk zusammenschmelzen, das in allgemeiner Begeisterung aufflammt für das hohe Ziel nationaler Freiheit und Unabhängigkeit. Jeder Stamm darf und soll seine Eigenart wahren und seine besondere Begabung ausgestalten, aber alle müssen einig sein, wenn die Ehre und das Wohl des ganzen Volkes infrage kommt.

Zweitens mußten in Israel die schandbaren Gebräuche und Sitten, die sich eingenistet hatten, ausgerottet werden. Das Volk hatte den Gott seiner Väter verlassen und betete die Götzen der Phönizier und Philister an. Überall erhoben sich Altäre und Haine für Baal und Astaroth, deren Verehrung mit schändlichen Ausschweifungen verknüpft war. Die gleichen Sünden, für welche die Kanaaniter verbannt worden waren, fraßen am Herzen des auserwählten Volkes, und nur eine gründliche Neubelebung konnte es vor gänzlichem Untergange bewahren.

An diesem Punkt setzte Samuel ein.

»Samuel aber sprach zu dem ganzen Hause Israel: So ihr euch mit ganzem Herzen bekehret zu dem HERRN, so tut von euch die fremden Götter und Astaroth, und richtet euer Herz zu dem HERRN, und dienet Ihm allein, so wird Er euch erretten von der Philister Hand.« Ohne Gott kann der Mensch auf die Dauer nicht bestehen. Es mag lange Zeiten religiöser Gleichgültigkeit geben, böse, unheilige Zeiten, wo der Wahlspruch lautet: sich ausleben und »Übermensch« sein — diese Ideen sind jetzt an Stelle von Baal und Astaroth, der alten Naturverehrung, getreten —, aber auf die Dauer bleibt es nicht so. Auf die Flut folgt die Ebbe, und vielleicht entsteht ein neues Fragen nach Gott. Knecht Gottes, sei bereit und gerüstet, daß du dann eingreifen kannst! Deine Stunde ist dann gekommen.

Samuel war ein Mann des Gebets. Er wird ein Mann Gottes genannt, und in späteren Büchern der Bibel angeführt als einer, der im Gebetsverkehr mit dem HERRN stand. (1. Sam. 9,6-9; Ps. 99,6; Jer. 15,1.) Dazu kamen sein reines Leben und sein fleckenloser Ruf, zwei nicht genug zu schätzende Faktoren.

Wohl denen, deren kräftiges Mannesalter aus den gesunden Wurzeln einer reinen und keuschen Jugend erwachsen ist; in deren Erinnerungen an Schule und Universität, an Lehrzeit und Ausbildungsjahre kein schmerzlicher Riß, kein gähnender Bruch ist, der ihnen die Schamröte in die Wangen treibt. Sie können nach ihrer Wiedergeburt zu besonderen Führern im Volk Gottes werden. Wenn die Wogen der Angst und Verzweiflung hoch gehen, wenn man nicht mehr aus und ein weiß, und einer dies und der andere das rät und doch nicht zurechtkommt, dann treten sie hervor und weisen ruhig und bestimmt den richtigen Weg. Das war Samuels selige Arbeit. Er packte das Volk am Gewissen, und es ließ sich packen. »Von dem Tage an, da die Lade des HERRN zu Kirjat-Jearim blieb, verzog sich die Zeit so lange, bis zwanzig Jahre wurden und das ganze Haus Israel weinte vor dem HERRN.«

Mein Leser, beachte die Worte: »Das ganze Haus Israel« — da hast du die Wiederherstellung der verloren gegangenen nationalen Einigkeit — »weinte vor dem HERRN«, da ist die National-Buße, auf welche eine allgemeine Umkehr zu Gott folgte. »Da taten die Kinder Israel von sich Baalim und Astaroth und dienten dem HERRN allein.« O daß doch auch in unserer Zeit und unter Gottes Volk eine solche Umkehr zu Gott stattfinden möchte! »Schaffe in uns, Gott, ein reines Herz und gib uns einen neuen, gewissen Geist.«

VII.
Sieg

(1. Samuel 7, 1-14)

Wer ist ein Mann? Wer beten kann
Und Gott, dem HERRN, vertraut;
Wenn alles bricht, er zaget nicht,
Dem Frommen nimmer graut.

Wer ist ein Mann? Wer glauben kann
Inbrünstig, wahr und frei;
Denn diese Wehr trügt nimmermehr,
Die bricht kein Mensch entzwei.

Zwanzig Jahre stiller ungesehener Arbeit, mein Leser, das will etwas heißen, aber dann regte sich im Volk der deutliche Wunsch, die Einheit zu betätigen, und ein starkes Verlangen nach Gott regte sich. Je mehr sie sich dem Gott ihrer Väter nahten, desto näher kamen sie einander, wie die Speichen eines Rades, die am äußeren Umfange desselben weit voneinander entfernt, sich im Mittelpunkt alle treffen.

Wenn der Herr Jesus der Mittelpunkt unseres Lebens geworden ist, dann haben wir Gemeinschaft mit all denen, die Ihn auch zum liebsten und besten Freund haben.

Vers 3 und 4 enthalten wahrscheinlich nur die Quintessenz der unzähligen Reden und Ermahnungen des Propheten. Er durchzog das ganze Land und flehte die Israeliten an, zum HERRN zurückzukehren, den fremden Göttern und Astaroth abzusagen, ihre Herzen auf den Gott ihrer Väter zu richten und Ihm allein zu dienen. Gott segnete die Bemühungen Samuels; auf allen Seiten wurden die Götzenbilder gestürzt und den wüsten Ausschweifungen in den Hainen ein Ende gemacht.

I. Versammlung zu Mizpa. Die Bewegung war so stark geworden, daß sie an das Licht der Öffentlichkeit treten mußte, und Samuel berief seine Landsleute nach Mizpa. Sie kamen und fasteten vor dem HERRN, wie es das Gesetz am großen Versöhnungstag vorschrieb; dazu bekannten sie ihre Sünden und demütigten sich vor Gott. Bei dieser Gelegenheit wurde ein neuer Gebrauch eingeführt; aus einem benachbarten Brunnen wurde Wasser geschöpft und feierlich vor dem HERRN ausgegossen. Wir begegnen dieser Sitte später beim Laubhüttenfest wieder. Wenn das große Fest sich seinem Ende nahte, stiegen die Priester vom Chor der Leviten begleitet zur Quelle Siloa hinab und schöpften dort im goldenen Gefäß Wasser. Dies wurde zur Zeit des Morgenopfers am Fuß des Altars ausgegossen, während der weißgekleidete Chor dazu im Reigen die Worte des Jesaja sang: »Ihr werdet mit Freuden Wasser schöpfen aus den Quellen des Heils.« Ob dieser feierliche Vorgang seinen Ursprung in der eben geschilderten Handlung hat, kann man nicht nachweisen. Möglicherweise ist es der Fall, obwohl die gewöhnliche Ansicht ist, daß der Gebrauch, beim Gottesdienst feierlich Wasser zu vergießen, ein Rückverweis war auf das Wasser, das aus dem Felsen in der Wüste geflossen war.

Man kann dem Ausgießen des Wassers zu Mizpa verschiedene Bedeutungen unterlegen. Wollten die Israeliten damit sagen, daß ihren Herzen Ströme von Reue und Buße entquollen, daß sie mit ihren Tränen die Sünden der voraufgegangenen Jahre fortschwemmen wollten, oder wollten sie damit ihre völlige Ohnmacht anzeigen und bekennen, daß sie waren wie Wasser, das in die Erde sickert, das man nicht aufhält? (2. Sam. 14,14.)

Aber gleichviel welcher Gedanke dieser Handlung zugrunde lag, es war ein großartiges Schauspiel, als Samuel als Vertreter der Nation ganz Israel zu dem Gott seiner Väter zurückführte. Es war wohl wert, seine ganze Manneskraft daran zu setzen, und es ist ganz begreiflich, daß er gleich darauf einstimmig zum Richter des Volkes gewählt wurde.

O wann wird die Stunde kommen, wo die christliche Gemeinde sich aufrafft und das Übel ausscheidet, das ihrem Zeugnis und Wirken so viel Eintrag tut!

Da sehen wir, wie in Sälen, die der Gemeinde zu Erbauungszwecken dienen, Kostümfeste, Verlosungen, Tanzvergnügen, Theateraufführungen stattfinden, und alles vielleicht noch gar für caritative Zwecke. Dem kundigen zeigen diese Sachen deutlich den Verfall des geistlichen Lebens. Wo Schwammgewächse gedeihen, da ist Modergrund vorhanden. Welch unaussprechlichen Segen könnten wir haben, wenn die Kinder Gottes sich zu einem Mizpa versammelten und dort bekennen würden: »Wir haben gegen den HERRN gesündigt!«

II. Glaubenssieg. Als die Philister von dieser großen Versammlung erfuhren, erkannten sie die Sache sehr richtig als ein Zeichen des neu erwachenden nationalen Lebens Israels, und ihre Fürsten zogen hinauf zum Krieg. Aus allen Teilen des Landes sammelten sie ihre Streitkräfte, und die Israeliten hatten allen Grund zu fürchten, daß die schrecklichen Erfahrungen von Aphek sich wiederholen würden. Schrecken bemächtigte sich ihrer; es gab nur eine Hoffnung! Gott, der persönliche Gott, mußte sich aufmachen und Seinem Volk zu Hilfe kommen, sonst würde es von dem furchtbaren Feinde erbarmungslos niedergetreten. Was vermögen furchtsame Schafe gegen gierige Wölfe, was schlechtbewaffnete Ackerleute gegen geübte Krieger? Wie konnte das nationale Leben, das eben aus den Trümmern und dem Schutte von Jahren emporzublühen begann, diesem Anprall eines siegreichen Volkes widerstehen? »Laß nicht ab, für uns zu schreien zu dem HERRN, unserm Gott«, flehten die geängstigten Israeliten Samuel an, »daß Er uns helfe aus der Philister Hand.«

Liebe Seele, das ist die einzige Hoffnung auch für dich. Mächtige Sünden haben dich vielleicht zu Boden geworfen und in Bande geschlagen; du schmachtest — ein zweiter Simson, dem das Haar geschoren ist, — im Gefängnis. Keine Hoffnung, keine Hilfe weit und breit, denn deine sittliche Kraft ist geschwächt durch Sünden, gleich denen Israels zu den Zeiten der Richter. Sage ihnen ab, raffe dich auf, und gib ihnen endgültig den Abschied; gehe zum Kreuz, wo dein Heiland starb, und lege dort im Namen Gottes alles ab, ganz besonders dein eitles Selbstvertrauen, und nimm die Vergebung an, die dem Reuigen und Gläubigen stets gewährt wird. Was auch deine Versuchungen und Sünden sein mögen, in was für schwierigen Verhältnissen du auch leben magst, wisse, der HERR wird dich aus der Hand deiner Feinde erlösen.

Alle, die ihr in Versuchung und Kampf steht, taucht eure Seelen in den Gnadenquell des Wortes Gottes; pflegt den Geist des Gebets und Glaubens, und wißt ihr, was ihr dann erleben werdet? Der HERR wird für euch streiten, und ihr werdet stille sein. (2. Mos. 14,14.)

Samuels Gebetskraft war bereits im ganzen Land bekannt. Das Volk glaubte daran und sah darin die Bürgschaft seiner Befreiung. Wenn nur Samuel beten wollte, dann durften sie auf Erlösung vom Joch ihrer Feinde rechnen. Sie wußten, daß er schon viel darum gebetet hatte, und sie flehten ihn an, nicht nachzulassen.

Der Prophet tat noch mehr; er nahm ein Milchlamm und opferte es dem HERRN als ganzes Brandopfer zum Zeichen, daß Israel sich ganz und völlig Gott hingeben wollte. Vor Glauben und Erlösung steht Hingabe an Gott. Es ist nicht genug, nur die Sünden lassen zu wollen, wir müssen uns selbst bedingungslos an Gott ausliefern. Er fordert ein ganzes Opfer, völlige Hingabe von Leib, Seele und Geist; dann kann Er uns zu dem machen, was Er von uns verlangt. Unbeständigkeit im Lebenswandel deutet immer auf Fehler im Seelenleben zurück; wenn dich die Philister beständig unterkriegen, dann steht es mit der Übergabe deiner selbst an Gott nicht richtig.

Der Rauch des Opfers erhebt sich zum Himmel; die Augen der versammelten Menge sind auf Samuel gerichtet, der als Prophet des HERRN das Recht hatte, an Stelle der Priester zu opfern, sein Gebet steigt zu Gott empor — da nahen sich die Philister. Siehst du, wie sie den Abhang hinaufschleichen und die schutzlose Menge umzingeln, die zum Streit nicht gerüstet ist und sich nicht zur Wehr setzen kann! Da ertönt plötzlich vom Himmel Gottes Antwort auf Samuels Gebet: »Der HERR ließ donnern einen großen Donner (hebr.: die Stimme Gottes) über die Philister desselbigen Tages und schreckte sie.«

Der Himmel verdunkelt sich plötzlich mit Sturmwolken, grollend rollt der Donner durch die Berge; ein Zeichen Samuels, und die Israeliten werfen sich auf den entsetzten und fliehenden Feind. Sie stürmen den Abhang hinunter, raffen die Waffen auf, die die Philister von sich werfen, und nehmen den Gefallenen die Rüstung ab. Josephus erzählt noch eine Tatsache, womit Gott den Israeliten zu Hilfe kam: »Gott zerstörte die Reihen der Philister durch ein Erdbeben. Der Boden unter ihren Füßen wankte, so daß es keine Stelle gab, wo sie sicher stehen konnten. Hilflos sanken sie zur Erde oder in die Spalten, die sich unter ihnen öffneten.«

Die Verfolgung hörte erst auf, als die Philister in den Bereich ihrer eigenen Festung Beth Car kamen, Quelle der Weinberge, wie sie heute heißt.

Welche Lehre können wir aus dieser Geschichte ziehen? Wenn die Gemeinde Gottes sich von den Sünden trennt, die den Heiligen Geist betrüben, wenn der einzelne Christ von ihnen ausgeht und sich absondert, kein Unreines anrührt und sich von aller Befleckung des Fleisches reinigt, so wird der Heilige Geist für die Gemeinde und für den Einzelnen ins Mittel treten; Gott wird uns erretten, so daß wir in dem allen weit überwinden, um des willen, der uns geliebt hat. Man singet mit Freuden vom Sieg in den Hütten der Gerechten.

VIII.
Ein Gedenkstein

(1. Samuel 7-8)

Der HERR ist Gott und keiner mehr,
Frohlockt Ihm, alle Frommen!
Wer ist Ihm gleich, Wer ist wie Er,
So herrlich, so vollkommen?
Der HERR ist groß, Sein Nam' ist groß;
Unendlich ist und grenzenlos
Der HERR in Seiner Größe.

»Da nahm Samuel einen Stein und setzte ihn zwischen Mizpa und Sen und hieß ihn Eben-Ezer und sprach: Bis hierher hat uns der HERR geholfen.« Es war der Ort, wo Israel die große Niederlage erlitten hatte, die mit dem Verlust der Bundeslade endete. (Kap. 4,1.) Merkwürdig, daß das Denkmal des Sieges an dieser Stelle errichtet wurde! Von diesem Augenblick an war Samuel unbestrittener Herrscher in Israel; solange er das Volk richtete, wagten die Philister keinen Angriff mehr. »Die Hand des HERRN war wider die Philister, so lange er lebte.« Die Städte, die in Feindes Hand waren, kamen an Israel zurück von Ekron bis gen Gath. Sogar die Amoriter, welche auf der Seite der Kanaaniter gestanden hatten, fanden es vorteilhaft, sich auf Samuels Seite zu stellen und von weiteren Feindseligkeiten abzusehen. Ein Kommentator bemerkt an dieser Stelle: »Der Erfolg bei Eben-Ezer war kein bloß vereinzelt dastehender Sieg, sondern das Anzeichen eines neuen Geistes in Israel, welcher das Volk zu Samuels Lebzeiten und unter der Regierung Davids, Salomos und anderer mächtiger Könige beseelte. Die kleinlichen Eifersüchteleien waren verschwunden, und ein allgemeines Streben nach Einigkeit war an ihre Stelle getreten. Das auserwählte Volk entsagte in großem Maßstab dem rohen Götzendienst der Kanaaniter, der auf jedes Volk, das ihn annahm, herabwürdigend wirkte, und der reine Gottesdienst des HERRN der Heerscharen wurde wieder eingeführt, nicht allein durch die Leviten, sondern auch durch die neue Ordnung der Propheten.«

Gebet, du geheimnisvolle Kraft, welche wunderbaren Erfolge

hast du! Du kannst nicht nur den Himmel öffnen und schließen, du gibst auch der Seele, die dich ausübt, Macht über die Verhältnisse, so daß die Zeitgenossen einsehen, daß Hilfe nicht zu finden ist beim Staatsmann oder Abgeordneten, nicht beim Gelehrten oder Geschäftsmann, sondern bei dem Manne, der mit Gott wandelt, und durch seinen Charakter und durch seine Gebete ein Segen für das Leben des Volkes ist.

Seit der Mensch auf Erden lebt, ist es sein Bestreben gewesen, sich und seine Lebensgeschichte mit den unvergänglichen Gebilden der Natur in Beziehung zu setzen. Dieser Zug beweist sowohl seine Ohnmacht wie seine Größe. Ohmacht — denn jeder Versuch seinerseits entspricht dem Bewußtsein, daß seines Bleibens auf dieser Erde nicht ist, daß er hier nur Gast und Fremdling ist; Größe — denn er ist imstande, wilde Schluchten und schroffe Felsen, tiefe Ströme und hohe Berge mit dem Strahlenkranz unvergänglicher Bedeutung zu umgeben. Es ist ja eben die Geschichte, die dort gespielt hat, die jeden Fleck der alten Welt mit so unbeschreiblichem Reize umgibt und ihm eine Sprache verleiht, die uns ans Herz greift. Langsam kommt der Reisende in Deutschland, Italien oder Griechenland weiter, während er ohne Aufenthalt Hunderte von Meilen in Kanada oder in den westlichen Staaten Nordamerikas durcheilt.

Lassen wir uns nun am Stein Eben-Ezer ein wenig nieder, und hören wir, was er uns zu erzählen hat, denn auch Steine können reden und hören. Josua rief einen Stein zum Zeugen an, »denn er hat gehört alle Reden des HERRN«, und der Herr Jesus sagte, als man Ihm zumutete, bei Gelegenheit Seines Einzugs in Jerusalem Seinen jauchzenden Jüngern den Mund zu verbieten, daß dann die Steine schreien würden.

I. Lage des Gedenksteins. Wir fragen zuerst: Wo wurde der Stein Eben-Ezer eigentlich errichtet? Nun, genau an der Stelle, wo vor Jahren die Israeliten die vernichtende Niederlage erlitten hatten. Die Schlacht von Aphek hatte hier stattgefunden: »Israel aber zog aus, den Philistern entgegen in den Streit und lagerte sich bei Eben-Ezer; die Philister aber hatten sich gelagert zu Aphek... Die Philister aber nahmen die Lade Gottes und brachten sie von Eben-Ezer gen Asdod.« (Kap. 4,1; 5,1.) Mancher, der jetzt dankerfüllt zugegen war, wird vor 20 Jahren auf dem verhängisvollen Schlachtfeld gewesen sein, und vor seinen Augen zogen die Schreckensbilder jener Tage vorbei. Hier hatte der Kampf am heftigsten getobt und die Leichen sich zu Hügeln gehäuft; wie Blätter vor dem Herbststurm waren Israeliten und Philister gefallen, um von den Füßen der Kämpfenden zertreten zu werden; dort war der heiße Streit um die Bundeslade entbrannt, sie wurde erobert, wieder zurückgewonnen und fiel schließlich doch in die Hände der Feinde; da waren Hophni und Pinehas erschlagen worden; verzweifelte Heldentaten geschahen, um Israel vor schmählicher Flucht zu bewahren — umsonst. War das dort nicht die Stelle, wo das geschlagene Heer noch einmal Front gemacht hatte? Aber die Feinde hatten gleich die schlecht gebildeten Reihen durchbrochen, und die Kinder des auserwählten Volkes, deren Väter in den Tagen Gideons und Jephtas nicht gewichen waren, flohen wie Schafe vor dem Wolf. Und trotz alledem, obwohl der Ort mit soviel Schmach und Schande verknüpft war, welche wiederum auf schwere Sünden der Priester und des Volkes zurückdeuteten, trotzdem wurde gerade hier der Stein errichtet, ein beredtes Denkmal göttlicher Gnade und Hilfe.

Welcher Trost liegt darin für uns. Vielleicht schreiten du und ich eben jetzt über Schlachtfelder, die von Niederlagen zeugen. Wieder und wieder sind wir den Feinden unseres Friedens in heißem Kampf entgegengetreten und sind schmachvoll unterlegen. Unsere Hoffnung ist zu Boden geschmettert, unsere Fahne mit Schmutz besudelt, wir hatten uns fest vorgenommen, nie, nie wieder nachzugeben, und doch ist es geschehen; geschehen allen ernsten Gelübden, allen heiligen Vorsätzen zum Trotz. Der Feind hat uns zu Boden geworfen, und unsere Lieblingssünde geht triumphierend über uns weg. Ja, es ist zum Verzagen, und dennoch rufe ich: »Fasse Mut, betrübtes Herz, raffe dich auf — vorwärts!« An genau derselben Stelle, wo du gefallen bist, sollst du aufrecht stehen, denn »Gott kann dich wohl aufrichten«. Wo du besiegt worden bist, sollst du weit überwinden, und wo einst dein Klagelied erscholl, wird dein Lobgesang gen Himmel tönen. Sei getrost! Der Stein Eben-Ezer wird auf dem Feld der verhängnisvollen Schlacht von Aphek errichtet werden.

II. Rückblick. Eben-Ezer, du alter Stein, erzähle uns nun auch, wie Gott weiter mit Seinem Volk verfuhr; erzähle uns, wie Samuel durch jahrelange, verborgene Arbeit Israel zum Gott seiner Väter zurückführte; eine Arbeit, die man mit der der Korallentierchen auf dem Meeresgrund vergleichen möchte, von der man auch nichts merkt, bis auf einmal die Insel an der Oberfläche erscheint. Erzähle uns, wie von Dan bis Berseba Baal und Astaroth abgeschafft wurden, und die Götzenbilder in den Staub rollten, wie Altäre umgestürzt und Haine niedergeschlagen wurden; schildere uns jene denkwürdige Zusammenkunft bei Mizpa, wo Wasser als Zeichen von Sündenerkenntnis und demütiger Buße ausgegossen wurde. Ehrwürdiger Stein, du hast auch das Brandopfer gesehen, das Israels völlige Hingabe an Gott bedeutete, du hast Samuels Gebet gehört und bist Zeuge, daß, als die Feinde sich versammelten, der »HERR ließ donnern einen großen Donner über die Philister desselbigen Tages und schreckte sie, daß sie von Israel geschlagen wurden«. O welche Schlacht war das, als die Männer Israels sich in kühnem Angriff auf den fliehenden, erschrockenen Feind warfen und in einem Tag die Schmach von zwanzig Jahren auswischten.

Hast du Gleiches erlebt? Von deiner Antwort hängt viel ab. Wenn du seit deiner letzten Niederlage kein Mizpa erlebt hast, dann, glaube mir, kannst du die Reihen der Philister nicht durchbrechen. Du bist besiegt worden und wirst es wieder werden; du bist gefallen und wirst von neuem straucheln, wenn du nicht dein Herz wie Wasser vor dem HERRN ausschüttest, den Götzen absagst, und dich entschließest, dem HERRN zu folgen, es koste, was es wolle.

Ich möchte an dieser Stelle einmal meine eigene Erfahrung anführen; ich muß bekennen, daß mein Leben ein fortwährendes Fallen war, solange ich in meinem Herzen Dinge duldete, die gegen Gottes heiligen Willen waren. Vorsätze und Entschlüsse, gute Bücher, Predigten und Versammlungen halfen nur wenig; aber dann erlebte ich im eigenen Herzen die Geschichte von Mizpa, und an derselben Stelle, wo sonst lauter Niederlage war, erlebte ich nun lauter Sieg.

Denke nach! Nur an einer Stelle hat der Damm ein winziges Löchlein, meinst du, er werde die Flut aufhalten können?

Niemals wirst du ein Eben-Ezer aufrichten, wenn du nicht auf Mizpa alte, bewußte Sünden und altes Gutheißen von Dingen, die vor Christi Augen nicht bestehen können, aufgibst; nur dann kann Seine bewahrende Kraft dir beistehen.

Du kannst nicht, sagst du? Die giftige Schlingpflanze mit den schillernden Blüten hat sich um deinen Lebensbaum geschlungen und droht, ihn in tödlicher Umarmung zu ersticken; das Böse hält dich fest und übt dabei einen großen Reiz auf dich aus; du meinst, ohne diese Leidenschaft, von der du doch weißt, daß sie Sünde ist, gar nicht leben zu können? Wie kannst du Armer dich befreien? Das ist ja gerade der Punkt, wo der große Arzt einspringen will, um dich zu erlösen und zu erretten. Was du nicht kannst, kann Er. Die Frage ist nur: Willst du, oder wenn du dazu noch zu schwach bist, möchtest du willig werden? Oft genug bäumt sich unser Wille gegen jede Umkehr auf und ist hart wie Eisen, und dagegen gibt es nur ein Mittel: Gehe zu Jesus! Sage Ihm, daß du dich nicht ändern kannst, oder vielleicht nicht ändern willst, und bitte Ihn, sich deines verzweifelten, scheinbar hoffnungslosen Zustandes anzunehmen.

Er wird dich erhören, zweifle nicht; der Heiland nimmt, was wir Ihm geben, und wenn es auch ein steinhartes und trotziges Herz ist. Und hat Er uns einmal übernommen, dann dürfen wir unserem unruhigen »Ich« sagen, was Naomi ihrer Schwiegertochter Ruth an einem Wendepunkt ihres Lebens sagte: »Sei still, ... denn der Mann wird nicht ruhen, er bringe es denn zu Ende.«

III. Die Inschrift. »Bis hierher hat uns der HERR geholfen.« Der Stein Eben-Ezer kann nicht nur aus der Vergangenheit erzählen, er bietet auch einen Ausblick in die Zukunft. Er sagt dem aufmerksam lauschenden Herzen: wie Gott bis hierher geholfen hat, so wird Er auch noch weiter helfen. Die Frucht, welche die zwanzig Jahre gezeitigt haben, der Sieg bei Eben-Ezer wären überhaupt unmöglich gewesen, wenn Er nicht die Hilfe wäre in den großen Nöten, die uns getroffen haben, und würde Er so viel getan haben und nicht vollenden wollen, was Er angefangen? Gott fängt keinen Bau an, um ihn halb fertig stehen zu lassen, und begibt sich in keinen Streit, um sich unvollendeter Sache daraus zurückzuziehen.

Wir wollen nur immer dankerfüllt unsere Eben-Ezer-Steine aufrichten, damit, wenn neue Kämpfe uns bedrohen, die Verhältnisse gar zu schwierig werden, und Verantwortungen an uns herantreten, die uns erdrücken wollen, wir uns an ihrem Anblick stärken und in Erinnerung an erfahrene Hilfe in der Vergangenheit mutig vorwärts gehen.

Gott lebet noch!
Seele, was verzagst du doch?
Laß den Himmel samt der Erden
Immerhin zu Trümmern gehn;
Laß die Höll' entzündet werden
Und den Feind erbittert steh'n,
Lasse Tod und Teufel blitzen,
Wer Gott traut, den will Er schützen.
Seele, so bedenke doch,
Lebt doch unser HERR Gott noch.

Du wirst dein ganzes Leben lang ein Eben-Ezer nach dem andern errichten können, wenn du nur im Glauben Gnade um Gnade von Gott nimmst; wenn du dich nur ausstreckst nach der Vollendung all dessen, was Er in dir angefangen hat, wirst du mit dem Apostel jubelnd bekennen können: »Aber durch Gottes Hilfe ist es mir gelungen, und ich stehe bis auf diesen Tag und bezeuge es beiden, den Kleinen und Großen« (Apg. 26,22).

Wenn dann die Stunde des Abscheidens aus diesem Leben schlägt und wir uns anschicken, das Land unserer Pilgrimschaft zu verlassen, um drüben in einem neuen Leben Ewigkeitswerk und ewige Anbetung zu beginnen, dann richten wir zur Ehre Gottes an der Grenze von Zeit und Ewigkeit unser letztes Eben-Ezer auf und sprechen aus vollem Herzen und vollster Überzeugung: »Bis hierher hat der HERR geholfen!«

IX.
Enttäuschte Hoffnung

(1. Samuel 8)

All' ihr Knechte Gottes höret,
Sucht den HERRN in eurer Not;
Wer zu ander'n hin sich kehret
Als zu Ihm, dem wahren Gott,
Der verscherzt sein eigen Glück,
Gehet irr' und fällt zurück.

Die nur, die dem HERRN vertrauen,
Gehen auf der rechten Bahn;
Die in Angst, in Furcht und Grauen
Ihn nur einzig rufen an,
Denen wird allein bekannt
Gottes Herrlichkeit und Hand.

Enttäuschungen und Widerwärtigkeiten sind eine Feuerprobe. Wenn man auf dem Strom des Glücks zwischen lieblichen Ufern dahintreibt, wenn alle Vorhaben gelingen und erfüllte Wünsche einem nur so in den Schoß fallen, dann ist es kein Kunststück, sich von der besten Seite zu zeigen. Aber das innerste »Ich« tritt dabei nicht zu Tage. Wenn aber der Wind umspringt und das Lebensschiff vom Ziel der Hoffnungen forttreibt, wenn Menschen, vielleicht liebe Freunde, sich abwenden und nichts von einem wissen wollen, wenn man allein einer andersgesinnten Welt gegenübersteht, dann zeigt sich, woraus ein Mensch gemacht ist.

Wir werden jetzt sehen, wie Samuel sich benahm, als alle seine Pläne über den Haufen geworfen wurden. Es paßt auf ihn das Wort, das von Hiob gesagt wird: Er hielt an seiner Frömmigkeit fest.

I. Eintreffen des Mißgeschicks. In den Friedensjahren, die dem glorreichen Sieg bei Aphek folgten, war es Samuels größtes Bestreben gewesen, in den Israeliten den Glauben an die persönliche Regierung Gottes neu zu wecken, den wir als Theokratie (Gottesherrschaft) kennen, ein Begriff, der allen Juden teuer war.

Sein Hauptquartier war zu Ramath; von dort aus durchzog er

das Land, und wo er hinkam, wollte er nichts weiter sein als ein Bote und Bevollmächtigter des Königs im Himmel, ein Diener des HERRN der Heerscharen.

Sieh, wie der alternde Prophet mit aller Macht seiner Persönlichkeit und allem Feuer seiner Beredsamkeit seinen Zuhörern einzuprägen sucht, daß sie nur dem HERRN untertan zu sein brauchen, Ihm allein die Treue schulden, dafür aber auch von Ihm in aller Angst, Not und Verworrenheit Trost und Hilfe, direkten Befehl zum Handeln und Sieg über ihre Feinde erhalten würden. Israel braucht keinen irdischen König, denn der HERR ist König, keine Regierungsbeamten, denn Priester und Propheten verkünden Seinen Willen, keine neue Gesetzsammlung, denn Er hat bereits Gesetze gegeben.

Wundervoller, erhebender Gedanke! Und als Samuel mit dieser Predigt landauf und landab zog, war das Gebet seines Herzens das Wort aus seiner Kindheit: »Rede, HERR, denn Dein Knecht höret!«

Dasselbe Ziel schwebte ihm bei der Gründung der Prophetenschulen vor Augen. Er verstand die Zeichen seiner Zeit, und wir irren wohl nicht, wenn wir ihm diese Einrichtung zuschreiben. Das Priestertum hatte das Recht verscherzt, als Vermittler zwischen Gott und Seinem Volke zu stehen. Auf zu entsetzliche Weise hatten Eli und seine Söhne die erhabenen Zwecke ihres Amtes verfehlt: es war nicht zu erwarten, daß der Priesterstand als solcher sich aus dem Schutt neu erheben würde; eine neue religiöse Körperschaft mußte entstehen: Männer, die im Gesetz Gottes erzogen, fähig waren, die heiligen Offenbarungen Gottes zu empfangen und auszulegen, und aus deren Mitte von Zeit zu Zeit der Geist Gottes einen erwecken konnte, um im Licht zu reden, was Gott ihm in der Finsternis gesagt, und auf den Dächern zu predigen, was er im Ohr gehört.

Zur Zeit Elias' und Elisas finden wir diese Schulen in hoher Blüte, manche wohl noch an derselben Stelle, wo ihr Gründer sie eingerichtet hatte (1. Sam. 10,3-5; 19,19.20; 2. Kön. 2).

Nur ein Gedanke beseelte Samuel, als er diese Schulen ins Leben rief; ihm lag allein daran, sein Volk mit demselben hohen Begriff der unmittelbaren Herrschaft Gottes zu erfüllen, den er selber hatte; und Jünger für die Verkündigung dieses Gedankens auszubilden, war der kürzeste Weg, sein Ziel zu erreichen.

Der bedeutende Prophet, der in seiner Person den Staatsmann mit dem Gottesgelehrten vereinte, der durch seinen edlen Charakter die Macht des persönlichen Einflusses besaß, war in hervorragender Weise dazu befähigt, andere für seine Ideen zu begeistern und zu hohen Zielen zu führen. Die Schüler konnten es ja mit Augen sehen, wie ihr Lehrer in seiner Heimat von alt und jung verehrt wurde (Kap. 9,12.13), wie er für alle Hilfesuchenden zugänglich war (Kap. 9,9), und wie mächtig und wirkungsvoll sein Gebet war (Kap. 7,17; 8,10.21.22), und sie schätzten es als ihr größtes Vorrecht, mit ihm gemeinsam zu wirken und in persönlichen Verkehr zu treten.

Daß das hohe Ziel nicht erreicht wurde, scheint die Schuld von Samuels Söhnen gewesen zu sein. Der Prophet wurde alt und konnte nicht mehr immer und überall persönlich Recht sprechen und in allen staatlichen und häuslichen Angelegenheiten Rat erteilen. Seine Kräfte reichten dazu nicht aus, und er bestellte seine Söhne, ihm zu helfen und setzte sie an der äußersten Grenze des Landes im Süden ein.

Die Folgen dieses Schrittes waren verhängnisvoll, denn »seine Söhne wandelten nicht in seinem Wege, sondern neigten sich zum Geiz und nahmen Geschenke und beugten das Recht«.

Ein bedeutender Wendepunkt bereitete sich vor. »Alle Ältesten in Israel«, offenbar in Vertretung einer großen Versammlung, kamen nach Ramath, um Samuel zu bewegen, eine dauernde und bessere Einrichtung für den Fortbestand seiner Herrschaft zu treffen. »Siehe«, sagten sie, »du bist alt geworden, und deine Söhne wandeln nicht in deinen Wegen, so setze einen König über uns, der uns richte, wie alle Heiden haben.«

Menschlich gesprochen war diese Bitte nicht ungerechtfertigt. Die Philister fingen wieder an, Vorposten ins Land zu schieben (Kap. 13,3-5), an der Ostgrenze war Nahor, der Ammoniter, ein gefährlicher Gegner, und vor allem lag die Befürchtung nahe, daß nach dem Tode des allgemein verehrten Propheten Israel wieder unter sich uneinig werden würde. Andererseits schmetterte der Wunsch des Volkes nach einem König alle Hoffnungen Samuels zu Boden. Es lag klar auf der Hand, daß seine Pläne zu erhaben, vor allen Dingen zu geistlich waren, um vom Volke verstanden zu werden. Israel war von dem Unsichtbaren nicht befriedigt und verlangte nach einer irdischen Verkörperung desselben, verbunden mit der äußeren Pracht des Königtums, die es bei den angrenzenden Völkern sah.

Das ist der Punkt, wo der Mensch immer in Gefahr ist zu straucheln. »Mache uns Götter, die vor uns hergehen!« riefen die Israeliten Jahrhunderte vorher in der Wüste. Noch heute verlangt das trotzige Menschenherz auf religiösem Gebiet nach Greifbarem, nach etwas, was man sehen und anfassen kann, nach einem Gegenstand, vor dem man sich niederwerfen kann.

Alle Gottesverehrung hat die Neigung, sich zu versinnlichen. Es ist gar nicht so leicht zu glauben, daß Gott ein Geist ist und im Geist und in Wahrheit angebetet werden muß; es ist viel, viel leichter, darüber zu streiten, ob auf »diesem Berge« oder zu Jerusalem die richtige Stätte der Anbetung sei.

Als ich die vorhergehenden Zeilen schrieb, war ich in einem Land, wo diese Wahrheit treffend und traurig zum Ausdruck kommt. Die ursprüngliche Gemeinde dort war ganz im Geist der Apostel gegründet. Es wurde darin in der Landessprache gebetet und die Schrift gelesen, Bildnisse waren verboten, und alles Bestreben ging dahin, Gott im Geist anzubeten. Heute sind die Kirchen voll von Heiligenbildern, Kerzen brennen davor, und die Andächtigen bekreuzigen sich. Das Allerheiligste ist durch ein goldenes Gitter abgesperrt, der herrliche Gesang des Chores erschallt in fremder Sprache; alles ist darauf berechnet, auf die Sinne zu wirken, und der Erfolg scheint die Mittel zu rechtfertigen. In Scharen steht das Volk in den weiten Hallen und verneigt sich oder beugt die Knie jedesmal, wenn der Name Gottes genannt wird. Nach diesem an äußerer Pracht so reichem Gottesdienst ging ich in eine Versammlung ganz anderer Art, wo dem Auge nichts geboten und dem Ohr nicht durch hinreißende Musik geschmeichelt wird, wo alle Gedanken und Sinne sich allein auf den wahren Mittelpunkt richten sollen, und die einzige Erhabenheit in dem majestätischen Gottesbegriff liegt. Da verstand ich, daß der natürliche Mensch sich gegen diese Art der Gottesverehrung sträubt und nach etwas verlangt, was dem Niveau des täglichen Lebens näher liegt.

Um diese Neigung zu bekämpfen und unser Herz in die Gegenwart Gottes zu erheben, wo auch unser auferstandener und gen Himmel gefahrener Heiland weilt, ist der Brief an die Hebräer geschrieben worden. Herrliche Worte sind es, die uns eine Fernsicht in den Himmel eröffnen, und doch voll ernster Warnung, daß wir die hohe Gnade nicht gering achten. Wir haben zwar keinen Berg, den man mit Händen anrühren kann, und dennoch ist für uns ein Berg vorhanden, der alle Berge in der Welt überragt — der Berg Zion; wir haben keine Stadt, deren goldene Kuppeln und schlanke Türme die ersten Strahlen der aufgehenden Sonne und die letzten der untergehenden widerspiegeln, und doch haben wir Bürgerrecht in einer viel schöneren, in dem himmlischen Jerusalem mit goldenen Gassen; wir gehören nicht zu einer Gemeinde, so zahlreich, daß beim Aufstieg zum Tempel großes Gedränge entsteht, und dennoch ist die Gemeinde, zu der wir uns rechnen dürfen, viel zahlreicher — die Menge vieler tausend Engel, die Geister der vollendeten Gerechten, die Gemeinde der Erstgeborenen, mit denen wir betend vor Gott stehen.

II. Wie Samuel das Mißgeschick auffaßte. »Das gefiel Samuel übel, daß sie sagten: Gib uns einen König, der uns richte.« Nicht ihn, den Menschen, verwarfen sie, sondern Gott, daß Er nicht ihr König sein sollte. Sie erfaßten den hohen Begriff von der persönlichen Regierung Gottes nicht und sanken auf die niedere Stufe der sie umgebenden Völker herab. Die Hoffnung, die der Prophet durch manches lange Jahr in seiner Seele genährt hatte, war zuschanden geworden. Nie und nirgends würde sein Plan sich verwirklichen, denn die äußeren Verhältnisse konnten gar nicht günstiger liegen als augenblicklich; und wenn er in Israel scheiterte, so war er überhaupt für die Welt gescheitert, es sei denn, daß das Reich Gottes eingesetzt würde.

In dieser Bedrängnis rettete sich Samuel in den einen Zufluchtshafen, der, Gott sei Dank, allen Bergung bietet, — er steht euch offen, ihr zerbrochenen Herzen, euch Schiffbrüchigen auf dem Lebensmeer, euch Mühseligen und Beladenen. »Samuel betete vor dem HERRN.«

Wie mancher getäuschte, verzweifelnde Mensch mag obige Zeilen lesen! Frauen, deren junges Herz am Hochzeitsmorgen voll hoher Erwartungen schlug, die von einem vollendet schönen Leben voll Liebe und Glück träumten, und die von roher Hand jählings erweckt, über gebrochene Gelübde und vergessene Beteuerungen weinen, und die nie wieder das köstliche Bewußtsein rückhaltlosen Vertrauens hegen dürfen; Männer, die so große Dinge im Leben ausrichten wollten, in Handel und Wandel vorwärts kommen, der Gesellschaft eine neue Richtung geben, das Staatswesen umgestalten; Verkündiger, die an der Schwelle ihres heiligen Dienstes die ernstesten Vorsätze faßten, die treue Seelsorger, liebevolle Hirten, Knechte ihres himmlischen Meisters sein wollten, und die an den Trümmern eines gescheiterten Lebens stehen; ihre Ideale sind vergangen, wie das Spiegelbild der Bäume im See, wenn ein Windhauch die Oberfläche kräuselt. Was sollen solche Menschen tun? Wohin können sie sich wenden? Wo ist eine Zufluchtsstätte für gebrochene Herzen?

Nur eine Antwort kann ich euch geben, ihr trauernden Seelen: Folgt dem Beispiel Samuels; geht zu Gott und sagt Ihm alles, weint euch zu Seinen Füßen aus, Er versteht alles, Er fühlt alles mit, Er verbindet und heilt. Es ist eine Salbe in Gilead vorhanden, und ein Arzt ist da.

Das Vaterhaus ist immer nah,
Wie wechselnd auch die Lose,
Es ist das Kreuz auf Golgatha
Heimat für Heimatlose.

Wenn wir erst so weit sind, daß wir Gott alles sagen können, dann sind wir schon ein gut Stück auf dem Weg zum Frieden vorwärts gekommen; und wenn du auch nichts sagen kannst, weil deine Stimme von Tränen erstickt ist und dein Herz sich vor Weh zusammenkrampft, so gehe doch zum Vater, Er sieht dich, versteht dich und tröstet dich. Wie einen seine Mutter tröstet, so will der HERR dich trösten.

Gott antwortete Seinem Knecht Samuel. Das tut Er immer, vielleicht mit leiser, kaum hörbarer Stimme, aber die Worte sind doch vernehmbar. Nicht immer passen sie in unseren Gedankengang, aber im Gegensatz zu dem Buch des Johannes werden sie zwar dem Munde bitter sein, aber dem Herzen süß wie Honig. Seid um nichts besorgt, sondern in allem lasset durch Gebet und Flehen mit Danksagung eure Anliegen vor Gott kund werden, und der Friede Gottes, der allen Verstand übersteigt, wird eure Herzen und euren Sinn bewahren in Christus Jesus. (Phil. 4,6.7. Elberf. Übers.)

III. Gottes Antwort und Zuspruch. Als Samuel in seinem großen Kummer zum HERRN schrie, machte ihm die göttliche Antwort klar, daß er das Vorhaben, woran er seine beste Manneskraft gesetzt, aufgeben müsse, seiner Stellung entsagen und einem König untertan werden. »Gehorche der Stimme des Volkes in allem, was sie zu dir gesagt haben«, sagte ihm sein allmächtiger HERR.

Dabei wurde Samuels Kummer gelindert durch die Entdeckung, daß Gott sein Leidensgefährte war, und daß der Schmerz des göttlichen Herzens ungleich größer war als der seine: »Denn sie haben nicht dich, sondern Mich verworfen, daß Ich nicht soll König über sie sein«, sprach sein HERR zu ihm. Es ist eine hohe Ehre, der Gemeinschaft mit Gott gewürdigt zu werden, in dem namenlosen Schmerz und Leid, das Ihm die Menschen mit ihren Sünden täglich und stündlich, ja jeden Augenblick bereiten.

Gottes Leiden? Kann Gott leiden? Ja, mein Leser, es ist wohl nicht übertrieben oder überschwenglich, das zu behaupten. Er, der die Liebe selbst ist, wird von den Menschen vielfach verworfen; sie wollen von Seiner Herrschaft nichts wissen und widersetzen sich dem Geist der Gnade. Wie hat der Herr Jesus gelitten, als die Seinen Ihn nicht aufnahmen, als Seine Brüder nicht glaubten, als die Stadt, die Er mit heiliger Liebe in sein Herz geschlossen, sich von Seinen schützenden Flügeln nicht decken lassen wollte, und als endlich auch die auserwählten Jünger Ihn verließen und flohen. Jesu völlige Hingabe, das Opfer Seiner selbst, beweisen die unermeßliche Größe Seiner Liebe, und gerade deshalb bereiten Ihm die Sünden der Menschen so unsagbares Leid. Ein Schriftsteller der neueren Zeit sagt sehr schön: Es ist allgemein bekannt, daß Grausamkeit und Feigheit Hand in Hand gehen, auf der anderen Seite aber ebenso Aufopferung und Liebe; es sind die zwei Seiten desselben Begriffs, und alle Herrlichkeit der christlichen Liebe ist ganz deutlich eine Frucht des Kreuzes Christi. Es scheint, als ob, bis Christus gelebt und gestorben, die Fülle der menschlichen Liebe unmöglich war.

Wenn das der Fall ist, wenn die Blume des zarten Mitgefühls aus dem Kreuze gesprossen ist, wie muß diese heilige Eigenschaft in dem Herzen des großen Dulders gelebt haben, und wie muß Er gelitten haben, als die Weingärtner Ihn hinausstießen und töteten. Aber Er litt nicht allein; die, welche Ihn sahen, die sahen den Vater. Er lehrte uns, daß Gott nicht erhaben unempfindlich ist, sondern daß Er liebt und trauert und mitfühlt wie ein irdischer Vater, nur mit einer Stärke und einer Gewalt, die eben göttlich sind: »Ja, Mir hast du Arbeit gemacht in deinen Sünden, und hast Mir Mühe gemacht in deinen Missetaten.«

IV. Samuels hochherziges Verhalten. Das Verlangen nach einem König gründete sich ohne Zweifel zum Teil auf 5. Mos. 17,14, wo gerade solcher Wendepunkt, wie eben eingetreten, vorhergesehen zu sein scheint. Auch Hannas Lobgesang enthält einen Hinweis auf den Tag, wo der HERR Seinem König Macht geben und das Horn Seiner Gesalbten erhöhen wird. Aber das gegenwärtige Verlangen war verfrüht und von wilder Leidenschaft erfüllt. Israel fragte nichts nach Gottes Willen, sondern wollte nur seinen eigenen durchsetzen, und anstatt den ehrwürdigen und erfahrenen Propheten um Rat zu fragen, schrieb es ihm gleich den Weg vor, den er einschlagen sollte.

Samuel mußte unter solchen Umständen feierlichen Einspruch erheben und der Abordnung der Ältesten vorstellen, was sie von einem König zu erwarten hätten. Ein Herrscher, wie die Israeliten ihn in ihrer augenblicklichen Stimmung verlangten, konnte unmöglich ein Mann nach dem Herzen Gottes sein. Sie wollten einen haben, der in Gestalt und Auftreten, an Mut und Tollkühnheit sich mit den benachbarten Fürsten messen konnte; das war ihnen viel wichtiger als Treue und Gehorsam gegen Gott und das Gesetz, mehr wert als Charakter und frommer Wandel; und es geschah ihnen nach ihrem Willen. Ach, es geschieht oft, daß Gott uns nach unserer Bitte gibt, bis uns davor ekelt. (Ps. 106,15.)

Mit prophetischem Geist sieht Samuel viele Gefahren voraus. Luxus und Sittenlosigkeit, in den Nachbarstaaten immer die Begleiterscheinungen des Königtums, werden auch am Hofe des Königs von Israel Einzug halten. Die Jünglinge werden zu Waffenschmieden und Kriegern gepreßt werden, um in die Schlachten des König zu ziehen; als Ackerleute werden sie die Krongüter ohne Lohn bestellen müssen und die Ernte schneiden; die Jungfrauen werden als Köchinnen und Bäckerinnen Feinheiten für den königlichen Tisch herstellen. Weinberge, Olivengärten und die besten Ländereien werden willkürlich eingezogen und schwere Steuern auf Feldfrüchte und Vieh gelegt werden. Ohne etwas dagegen tun zu können, werden die Untertanen zusehen müssen, wie der Hof ihre sauer verdienten Einnahmen verpraßt, nur kurze Zeit, und das Volk wird aus seinem Traum erwachen und seine Verblendung erkennen — aber der übereilte Schritt ist geschehen und kann nicht mehr rückgängig gemacht werden. »Wenn ihr dann schreien werdet zu der Zeit über euren König, den ihr euch erwählt habt, so wird euch der HERR zu derselben Zeit nicht erhören.«

Samuels Einspruch fruchtete gar nichts: »Das Volk weigerte sich, der Stimme Samuels zu gehorchen und sprach: Mitnichten, sondern es soll ein König über uns sein.« Israel verließ sich auf Menschen und hielt Fleisch für seinen Arm, mit seinem Herzen war es vom HERRN gewichen, und was war die Folge? Der König wurde erschlagen, das Land verheert, und der Volkswohlstand sank auf die denkbar niedrigste Stufe.

Schreit dein Herz nach einem König, der mit starker Hand die widereinander streitenden Leidenschaften und Neigungen deines Herzens zur Ruhe und Ordnung zwingt? O sieh dich vor, wen du erwählst; richte nicht nach dem, was deine Augen sehen, laß die Lust des Fleisches, die Lust der Augen und den Hochmut des Lebens deine Augen nicht blenden.

Erwähle zum König den Mann, den Gott erwählt hat, den Mann von Golgatha, von Gott erhöht zu einem Fürsten und Heiland. Er fordert nichts, Er schenkt nur, Er macht nicht arm, sondern reich in allen Stücken. Sein Zepter ist das zerbrochene Rohr, Seine Krone ist von Dornen.

Einen kenne ich,
Wer liebt Ihn genug?
Einen nenne ich,
Der die Dornenkrone trug.
Heil, Sein Fuß steht im Licht,
Sein Haupt in der Glorie.
Wo Er gehet, zerbricht
des Todes eiserner Riegel.
Voll Erbarmen
In den Armen
Trägt Er die sterbliche, liebende Welt;
J e s u s heißt Er.
Und die Geister
Beten Dich an, Du ewiger Held.

Brentano

Als Samuel einsah, daß das Volk von seinem Vorhaben nicht abzubringen war, entließ er die Ältesten und schickte sich mit großer Hochherzigkeit an, in dieser Angelegenheit sein Bestes zu tun.

Er tat dies aus Gehorsam gegen den göttlichen Befehl.

Dies ist beachtenswert und rechtfertigt die Bemerkung des Bibelforschers Ewald: »Samuel ist einer der wenigen großen Männer der Geschichte, die in kritischen Zeiten allein durch die Macht ihres Charakters und durch unnachahmliche geistliche Energie einer bestehenden Ordnung der Dinge ein Ende machen, zuerst gegen ihre bessere Einsicht, später aber, wenn sie von der Notwendigkeit des Schrittes überzeugt sind, mit aller Kraft und allem Eifer und unter viel persönlichen Leiden mit dem glücklichsten Erfolg eine neue Form einleiten.«

In seiner Jugend und bis in sein Mannesalter hinein, bis er auf den Höhepunkt seiner Macht gelangte, hatte Samuel versucht, die bestehenden Einrichtungen neu zu beleben. Nur ganz allmählich und sehr gegen seinen Willen drängte sich ihm die Überzeugung auf, daß er von weiteren Bemühungen nach dieser Richtung hin abstehen müsse, und er machte sich daran, einen ganz neuen Bau aufzuführen. Er mußte dabei frühere Überzeugungen opfern, seiner besseren Einsicht Gewalt antun, er mußte einreißen, was er mit viel Mühe aufgeführt; er mußte der zweite werden, wo er unbestritten der erste gewesen war. Aber als er einmal erkannt hatte, daß ihm nichts anderes übrig blieb, wurde Samuel der wirksamste Schöpfer des neuen Zeitalters.

»Und«, fährt Ewald fort, »wenn Davids Taten mehr in die Augen fallen als Samuels, so kann gar kein Zweifel darüber bestehen, daß Davids Laufbahn niemals eine so glänzende gewesen wäre, ohne Samuels stille aber einflußreiche Wirksamkeit. Die Größe der folgenden Jahrhunderte ist auch auf ihn zurückzuführen.« Es treten in jedem Leben Momente ein, wo sich Mark und Bein zu scheiden scheinen; Menschen, die wir lieben, für die und mit denen wir gelitten haben, für die wir alles getan haben und tun würden, wenden sich plötzlich von uns ab und verlangen nach etwas anderem und besserem. Es wird uns klar, wir müssen uns zurückziehen, und widerstrebend tun wir den Schritt, murrend dabei fragend: Warum sollen wir anderen Platz machen? Warum unsere guten Rechte aufgeben und gerechtfertigte Ansprüche fallen lassen?

In solchen Zeiten wollen wir an Samuel denken und fest glauben, daß Gott uns auf rechter Straße führt; wir wollen für die Herde, zu deren Hütern wir vielleicht bestellt sind, das Beste tun, ohne an uns selbst zu denken; wir wollen uns der neuen Ordnung nicht nur anbequemen, sondern sie auch mit allen Kräften fördern. Blutet dir das Herz dabei? Nun, das Blut der Selbstaufopferung wird durch Gottes Gnade zum Zement, der die einzelnen Steine unseres Baues zusammenhält.

X.
Die Stimme der Verhältnisse

(1. Samuel 9 u. 10)

Wo Du mir's HERR, befiehlst, da will ich stehen,
Wo Du mich scheiden heißt, da will ich gehen.
Lehr mich nur immer mehr, Dich ganz verstehen,
In Deinen Willen ganz und gar eingehen.

»Wer ist weise und behält dies? So werden sie merken, wie viele Wohltat der HERR erzeiget.« Sechs Bilder des menschlichen Lebens entrollt uns der Sänger im 107. Psalm, und mit obigen Worten faßt er das Ergebnis derselben zusammen. Die Erfahrungen der irrenden Pilger in der Wüste, die auf den richtigen Weg gebracht werden; die Erlösung des Gefangenen, der in Banden schmachtet; die Genesung des Kranken nach langem Leiden; die Errettung des Schiffbrüchigen aus Sturm und Brandung; die Erstehung eines fruchtbaren Landes aus öder Wüste; die Befreiung der Unterdrückten aus Tyrannenhand — alle diese Dinge bezeugen dem aufmerksamen Beobachter, daß Gott überall dabei ist, alle Ereignisse beherrscht und lenkt und für die, welche Ihn lieben, zum Besten wendet.

Keine Stelle in der Bibel beleuchtet diese Wahrheit mehr als die Kapitel, die uns jetzt zur Betrachtung vorliegen, und aus denen wir lernen werden, wie Gott auch in den alltäglichsten Begebenheiten des Lebens Seine Hand im Spiel hat.

Es ist Tagesanbruch — mit wunderbarer Klarheit steigt die Morgendämmerung im Osten herauf — als drei Männer die steilen Gassen von Ramath herabsteigen und aus dem Stadttor treten (V. 26). Es ist eine beachtenswerte Gruppe: der ehrwürdige, alte Prophet, ein »junger und feiner Mann« und ein Knabe; nach der Überlieferung ist es Doeg, der Edomiter, der nachmals eine so traurige Berühmtheit erlangt, jetzt aber noch einfach ein Knecht ist, der den Sohn seines Herrn begleitet. Als die drei die Stadt hinter sich haben, wird Doeg vorangeschickt, um nicht Zeuge des feierlichen Vorgangs zu sein, der die große Wendung in Sauls Leben herbeiführt. »Da sie kamen hinab an der Stadt Ende, sprach Samuel zu Saul: Sage dem Knaben, daß er vor uns hingehe — und er ging vorhin — du aber stehe jetzt still, daß ich dir kundtue, was Gott gesagt hat.«

I. Die Umstände, die diesen Zwischenfall herbeiführen. 1. Die Eselinnen von Kis, dem Vater Sauls, haben sich verlaufen, aber sie sind wertvolle Tiere und müssen gesucht werden. »Er sprach zu seinem Sohn Saul: Nimm der Knaben einen mit dir, mache dich auf, gehe hin und suche die Eselinnen.« Die Jünglinge, die sich aufmachen, ahnen nicht, wie weit ihr Weg sie führen wird. »Er ging durch das Gebirge Ephraim und durch das Land Salisa und fand sie nicht; sie gingen durch das Land Saalim, und sie waren nicht da; sie gingen durch das Land Jemini und fanden sie nicht. Da sie aber kamen ins Land Juph, sprach Saul zu dem Knaben, der mit ihm war: Komm, laß uns wieder heimgehen.« Drei Tage lang wandern sie — fragen jeden Vorübergehenden, prüfen jede Spur, alles vergeblich.

Verlorene Eselinnen! Was liegt daran? Laß sie laufen! Ja, aber es ist doch der Mühe wert, sie zu suchen, denn der Mann, der ihre Spur verfolgt, findet eine Königskrone. Sei über wenigem getreu, und Gott wird dich über viel setzen, um auch darin Ihm treu zu dienen. Was du tust, tue für Gott, und Er wird dich zum höchsten Dienst berufen. Nur wer gewissenhaft und sorgfältig den Pflug niederer Arbeit durch die Furchen des täglichen Lebens zieht, findet den verborgenen Schatz im Acker.

2. Gottes Vorsehung — manche nennen es Zufall — führte die Suchenden ins Land Zuph, und hier hemmte der Gedanke an seines Vaters mögliche Besorgnis die Schritte Sauls, und er sagte: »Komm, laß uns wieder heim gehen; mein Vater möchte von den Eselinnen lassen und für uns sorgen.« Dieser Vorschlag entspringt einem guten und nachahmungswerten Zug in Sauls Charakter. Ein Mann, der auf die Gefühle seiner Umgebung Rücksicht nimmt, wird meist auch ein guter Herrscher sein können. Ihr jungen Söhne und Töchter, die ihr weit vom Elternhaus seid, vielleicht im Strudel der Großstadt, denkt einmal an die Herzenssaiten, die in dem alten Haus, wo ihr geboren seid, oder im einsamen Dachkämmerchen, wo die alte Mutter sitzt, zum Springen angespannt sind; erinnert euch lieber Augen, die jetzt von Tränen getrübt sind, und alles, weil ihr »keine Zeit«, oder sollen wir sagen: keine Lust, keinen Willen habt, ihnen regelmäßig zu schreiben. Saul macht sich darüber Gedanken, daß sein Vater drei Tage ohne Nachricht bleibt

— was würde er wohl zu drei Wochen, oder gar drei Monaten gesagt haben?

3. Nachdem sie entdeckt, daß sie im Besitz eines Stückes Silbergeldes sind, das sie dem Seher als Gabe überreichen können, machen Saul und sein Begleiter sich auf den Weg zur Stadt, »die auf einem Berge liegt.« Die weißen Häuser leuchten blendend im Sonnenschein; sie begegnen Mädchen, die Wasser holen wollen, und bekommen auf ihre Frage nach Samuel freundlich den günstigen Bescheid, daß er in Ramath anwesend und sich auf dem Wege zu einem Opferfest auf der Höhe befindet; in der Stadt begegnen sie dem Propheten selbst und erfahren aus seinem Munde, daß die Eselinnen gefunden sind; und alle diese kleinen, zum Teil geringfügigen Begebenheiten sind Wegweiser, die auf den Pfad deuten, der sie an ihr Ziel führt, wo ihnen auf Samuels Geheiß ein Platz schon bereitet ist und ein fertiges Mahl ihrer wartet.

Wie deutlich ist in dem allen die göttliche Hand zu spüren! Von Zufall kann da keine Rede sein; jede Einzelheit ist von einer höheren Macht sorgfältig geplant, um Saul an den richtigen Ort zu bringen, wo er »still stehen« soll und erfahren, was Gott gesagt hat.

Wenn das nun bei obiger Geschichte zutrifft, können wir es dann nicht bei allen Dingen behaupten? Kein Haar fällt von unserm Haupt, kein Sperling vom Dache, ohne daß der Vater im Himmel es weiß, und da soll man noch von irgend einer Sache, irgend einem Umstand sagen dürfen, daß sie zu geringfügig sind, um in Gottes Plan mit aufgenommen zu werden! Aber, fragst du, es geschieht doch so viel auf Anstiftung von bösen Menschen, wie verhält es sich denn damit? Zugegeben; aber ihre Bosheit darf uns nur mit Gottes Erlaubnis treffen und soll zu unserer Erziehung und Veredelung dienen, und schließlich kommen wir dahin, auch in allen Widerwärtigkeiten Gottes Willen ebenso klar zu erkennen, wie in den Dingen, die direkt aus Seiner Hand kommen.

Der Verräter Judas und die Mörder Jesu mußten durch ihre schaudervollen Taten doch Gottes Vorhaben ausführen; nichts geschah in jenen verhängnisvollen Tagen, was nicht schon in dem Plan der göttlichen Vorsehung vorgezeichnet war, und wir werden uns doch nicht anmaßen zu behaupten, daß Gott, der immer und in Ewigkeit derselbe ist, damals mächtiger war als heute, oder der Welt näher als jetzt; infolge dessen müssen wir zugeben, daß Er heute ebenso in jedem Ereignis unseres Lebens gegenwärtig ist, wie zu der Zeit, wo die Schöpfung selbst durch die Taten in Gethsemane und auf Golgatha bewegt wurde.

Ja, meine Leser, verirrte Esel, eine unerwartete Begegnung auf der Straße, ein Geldstück im Beutel oder eine leere Tasche, alles sind Einzelheiten im göttlichen Plan, Steinchen, die der göttliche Meister zu einem wundervollen Muster zusammenfügen will. Wer offene Augen hat, erkennt ganz klar die Fingerzeige des Lenkers aller Dinge und geht in der angedeuteten Richtung so sicher weiter, als ob ihn Engelhände führten; und der vorgeschriebene Weg führt immer zu dem Ruhesitz, der auf uns wartet, und dem Anteil, das uns aufgehoben ist. — Lang mag der Weg sein und heiß die Sonne brennen, aber der Vater führt sein vertrauensvolles und gehorsames Kind nie in den Sumpf oder auf öde Heide, um es da versinken oder vor Hunger und Erschöpfung sterben zu lassen. Immer führt der Weg an ein Ziel. O Vater, öffne unsere Augen und Ohren, gib uns ein gehorsames Herz, daß wir die Dinge erkennen und würdigen, die Du denen bereitet hast, die Dich lieben.

II. Sauls erste Salbung. Saul brachte die Nacht bei Samuel zu. Der Prophet hatte ihm oben auf dem Dach das Lager bereiten lassen; dabei hatte er seine besondere Absicht, die klar wie eine Flamme in seinem Herzen brannte. Als alles im Hause still war, stahl er sich hinauf zu dem Jüngling, der dort in seinem Herzen die Ereignisse des Tages bewegte und »redete mit Saul auf dem Dache«.

Der Prophet sehnte sich danach, Sauls Seele auf den Ton begeisterter Liebe und hoher Hoffnung für Israels Wohl zu stimmen, der in seiner eigenen klang. Er mag dem aufhorchenden Jüngling die Geschichte seiner Hoffnungen und Befürchtungen mitgeteilt haben, Hoffnungen, die vereitelt waren, Befürchtungen, die sich zu verwirklichen drohten; er wird ihm wohl seine eigene Absetzung und die schlechte Handlungsweise seiner Söhne erzählt haben; er deutete ihm vielleicht an, daß er sich nach jemand sehnte, der die verworrenen Fäden der Regierung aufnehmen würde und daraus das göttliche Muster wirken, — auf so feine Weise weckte Samuel die schlummernde Seele des jungen Mannes, der bis dahin wahrscheinlich für seine Herden gesorgt, sich mit Ackerwirtschaft und Weinbau beschäftigt, und am Geschwätz des Dorfes seine Unterhaltung gefunden hatte, sich aber um das Wohl und Wehe des Staates wenig gekümmert.

Ehe noch der leise Wind, der der Morgendämmerung vorangeht, die Blätter des schweigenden Waldes bewegt hatte, weckte Samuel seinen Gast vom Schlaf auf. Da die Morgenröte aufging, rief Samuel den Saul auf dem Dache und sprach: »Auf, daß ich dich gehen lasse.« An der Stadtgrenze wurde der Knabe vorangeschickt, und als die beiden allein waren, nahm Samuel ein Ölglas aus den Falten seines Gewandes und goß den Inhalt über das schöne gebeugte Haupt des Jünglings. Das war die Salbung zur Königswürde; darauf küßte ihn Samuel als Zeichen seiner eigenen Treue und sprach: »Siehst du, daß dich der HERR zum Fürsten über Sein Erbteil gesetzt hat?«

Gewaltige Stunde im Leben Sauls! Kein Wunder, daß, als er sich zum Gehen wandte, er ein »anderes Herz« hatte. Ein »anderes Herz« wird uns berichtet, nicht ein »neues Herz«. Es war keine Bekehrung, keine solche durchgreifende Veränderung, wie die Seele sie zur Stunde der Wiedergeburt zum ewigen Leben erfährt, sonst wäre Saul nicht so elend auf dem Gebirge Gilboa umgekommen; aber er hatte neue Begriffe von der großartigen Bedeutung und Wichtigkeit des Lebens empfangen, neue Ziele waren ihm aufgegangen, neue Entschlüsse und Vorsätze in seinem Herzen entstanden; bis zu einem gewissen Grad war das Alte vergangen und alles neu geworden.

Beachten wir wohl den Unterschied! Es ist möglich, ein anderes Herz zu bekommen, und es ist doch kein neues Herz. Ein großer Mann begeistert uns, sein starker Wille und großer Verstand packen uns, ein neues Ideal geht uns auf, aber unter der frisch grünenden, verheißungsvollen Saat liegt noch das alte ungebrochene Felsgestein; die Arbeit war nur oberflächlich, wenn die Sonne aufgeht, verwelkt das sprossende Grün und verdorrt, weil es nicht Wurzel hat. — Mein Leser, was wirkst du — ist es Ewigkeitswerk —?

III. Sind wir auf Gottes Wegen, dann können wir ganz bestimmt darauf rechnen, daß eintretende äußere Umstände uns das bestätigen werden. Nimm an, du sitzest in einem Zug und bist nicht ganz sicher, ob es der richtige ist. Da nimmst du dein Kursbuch und schlägst die Strecke nach, liest die Namen der Stationen, und da, beim Passieren derselben, siehst du dieselben Namen angeschlagen, wie sie im Buche stehen, nun weißt du, daß du auf richtigem Wege bist. In schwierigen Lebenslagen wird immer die Frage auftauchen: Sind wir auf Gottes Wegen? Es ist dann eine große Beruhigung und Stärkung, wenn uns durch äußere Ereignisse — sie mögen ganz klein und unbedeutend sein — die Gewißheit zuteil wird: Ja, dies war und dies ist der richtige Weg. »Ich will alle meine Berge zum Wege machen« (Jes. 49,11), verheißt der HERR Seinen Erlösten. Merke dir das zum Trost.

Petrus hörte eine Stimme zu ihm reden, er sah das Tuch sich vom Himmel herniederlassen, aber der göttliche Auftrag wurde ihm erst klar, als die drei Männer, von Kornelius gesandt, zu ihm kamen und ihm die Bitte des römischen Hauptmanns vortrugen. In allen entscheidenden Lebensfragen horche auf die Stimme Gottes in den äußeren Umständen! In dem folgenden Kapitel werden wir diese Frage weiter verfolgen.

XI.
Tue, was dir unter Händen kommt.

(1. Samuel 10, 7)

Gib, daß ich tu' mit Fleiß,
Was mir zu tun gebühret,
Wozu mich Dein Befehl
In meinem Stande führet;
Gib, daß ich's tue bald,
Zu der Zeit, da ich soll,
Und wenn ich's tu', so gib,
Daß es gerate wohl.

Äußere Begebenheiten führten dazu, daß Saul im Verborgenen die Salbung zur Königswürde erhielt; und äußere Begebenheiten, so außerordentlicher Art, daß sie deutlich himmlischen Ursprungs waren, sollten unter diese Tat das Siegel göttlicher Bestätigung setzen. Der ehrwürdige Prophet sah sie alle voraus, verkündete sie Saul, und alles traf genau so ein, wie er gesagt. »Alle diese Zeichen kamen auf denselben Tag.«

1. Bei Rahels Grab, an der Grenze Benjamins, begegnen Saul zwei Männer mit der Nachricht, daß die Esel gefunden seien, daß sein Vater die Tiere außer acht gelassen, sich nur um ihn gräme und klage: »Was soll ich um meinen Sohn tun?« Dies ist eine Andeutung des göttlichen Willens, den jungen König betreffend. Nicht mehr soll er Ackerbau und Viehzucht treiben, sondern sich höherem Werk widmen. Verlaufene Esel können auch ohne sein Zutun gefunden werden, und andere können sie versorgen, denn auf ihn wartet ein Königreich, und Menschenherzen schlagen ihm entgegen; Familie und Heimat haben zwar noch Anspruch auf seine Liebe, aber die Verwaltung und Bearbeitung des Besitzes zu Gibea muß ein anderer übernehmen.

Dies Zeichen ist auch heute noch von höchster Wichtigkeit für jedermann, der den inneren Ruf fühlt, sich ganz der Arbeit für das Reich Gottes zu widmen. Wenn so einer zu Hause nötig ist, etwa für greise Eltern oder eine alte Schwester zu sorgen hat, oder Weib und Kind ernähren muß, so hat er gar kein Recht, sich diesen heiligen Pflichten eher zu entziehen, bis Gott, der HERR, selbst ihn in Ehren davon entlastet. Für alle solche gilt das Wort, das der Apostel den Korinthern in einer Zeit großer Aufregung und Verwirrung schrieb: »Ein jeglicher bleibe in dem Beruf, darinnen er berufen ist.« »Ein jeglicher, liebe Brüder, worinnen er berufen ist, darinnen bleibe er vor Gott« (1. Kor. 7,20 u. 24).

Ja, sagst du, aber wie, wenn ich nun von Gott einen Ruf erhalte, so klar und unzweideutig, wie Saul ihn von Samuel empfing? Darauf antworte ich dir, lieber Leser: Selbst dann warte still und geduldig, bis Gott dir einen Weg auch durch bindende und hindernde Verhältnisse bahnt. In irgendeiner Gestalt wird die Botschaft kommen: was du suchst, ist gefunden, diese Sorge ist dir abgenommen. Solche Begebenheiten sind immer ein unverkennbarer Beweis, daß Gott geredet und die Wolke sich erhoben hat, und wir ihr nachziehen sollen.

2. Als Saul voll heiligen Staunens und Schreckens seinen Weg fortsetzt, trifft er bei der Eiche oder Terebinthe von Tabor (dessen Lage nicht mehr festzustellen ist) drei Männer, die nach Bethel pilgern, ein Ort, der seit Abraham mit den heiligsten Erinnerungen verknüpft war.

Die Männer tragen als Opfergabe drei Böcklein, drei Brote und einen Schlauch Wein bei sich, ganz wie Samuel es vorher gesagt hat. Sie grüßen Saul mit dem im Orient üblichen Gruß: Friede sei mit dir; dann schenken sie ihm zwei Brote. Es ist, als ob sie einer Eingebung des Geistes Gottes folgen, der ihnen offenbart, daß der Mann vor ihnen kein gewöhnlicher Wanderer ist, sondern einer, dem sie durch Darreichung einer für Gott bestimmten Gabe huldigen müssen.

Auch diese Begebenheit ist bedeutsam. Gott zeigt dadurch wie in einem Gleichnis, daß Er Seinem erwählten König mit der Krone auch Achtung und Huldigung seitens der Untertanen verschaffen, und es ihm an Unterhalt für sich und seinen Hofstaat nicht fehlen lassen wird. Es ist eine Verheißung durch die Tat und soll dem jungen König die Sorge nehmen, wo Essen und Trinken und Kleidung herkommen sollen, und ihm bedeuten, daß, wenn er nur zuerst nach dem Reich Gottes trachtet, alles solches ihm ganz gewiß zufallen wird.

Jeder Knecht Gottes, der sich auf den Weg des Gehorsams hinauswagt, wird diese Erfahrung machen. Vielleicht hast du ein solides, einträgliches Geschäft aufgegeben oder eine gute Stellung verlassen; aus dem sicheren Boot bist du aufs wogende Meer hinausgetreten, und nun stürmen von allen Seiten Tadel und Vorwürfe über deinen Leichtsinn auf dich ein. Nun, Mose hat das auch durchmachen müssen, als er die Israeliten aus dem reichen Ägypten in die öde Wüste führte. Aber sei nur getrost und folge Gottes Ruf, dann wird dir Brot gegeben werden und dein Wasser gewiß sein (Jes. 33,16). Wo die Wolke lagert, fällt das Manna. In immer steigender Aufeinanderfolge müssen erst Raben, dann Menschen — vielleicht arme Witwen — und zuletzt Engel den Knechten Gottes Speise bringen, damit sie nicht zu hungern brauchen. Nicht nur bei Lebzeiten sorgt Gott für ihren Leib, sondern wird sie auch, wenn sie tot sind, wie Mose selbst bestatten oder wie Stephanus durch gottesfürchtige Männer mit großer Klage zu Grabe tragen lassen.

Einmal hat unser Heiland in dieser Beziehung Anschauungsunterricht erteilt. Der Steuereinnehmer hatte Petrus an die Steuer gemahnt, und dieser hatte kein Geld und kam zu Jesus! Hätte er noch seinen Beruf ausgeübt, so wäre er gar nicht in Verlegenheit geraten, denn aus dem Verkauf der Fische hätte er genug erzielt, um die Forderung zu begleichen; aber so hatte er einen leeren Beutel. »Gehe hin an das Meer«, sagt Jesus zu ihm, »und wirf die Angel, und den ersten Fisch, der herauffährt, den nimm, und wenn du seinen Mund auftust, so wirst du einen Stater finden; denselben nimm und gib ihn für Mich und dich.«

Jesu Ruf im Gehorsam folgend, hatte Petrus seinen Erwerbszweig aufgegeben, und der Heiland nimmt nun die Pflicht auf sich, für alle Bedürfnisse zu sorgen, für die Seine Jünger sich sonst selbst das Geld verdient hatten. Er schließt sich mit in die Allgemeinheit ein durch das Wort: »für dich und Mich«.

Wenn du in Christi Nachfolge bist, wird Er nicht ungerecht sein und dich vergessen; du kannst Ihm getrost die Sorge für deine Steuern und sonstigen Abgaben überlassen. Hoffe nicht auf den ungewissen Reichtum, noch auf die Spenden der Wohlhabenden, sondern auf den lebendigen Gott, der uns dargibt reichlich allerlei zu genießen.

3. Endlich kommt Saul auf den Hügel Gottes. Die Bibel, alte sowie revidierte Ausgaben, sagen, daß die Philister hier eine Besatzung stationiert hatten; Luther hat das Wort des Urtextes mit »Lager« übersetzt. Es gibt aber Ausleger, die die zweite Bedeu-

tung des hebräischen Wortes vorziehen, und den Satz folgendermaßen wiedergeben: »Wo die 'Säule', oder das 'Denkmal', oder der 'Bau' der Philister steht«; vermutlich irgend eine Errichtung zum Andenken eines Sieges.

An dieser Stelle begegnet Saul jungen Leuten, die zu der von Samuel gegründeten Prophetenschule gehören. Sie kommen mit Psalter und Pauken, Pfeifen und Harfen die Höhe herab. Sie sind im Zustand prophetischer Entzückung, und ihre heilige Begeisterung überträgt sich sofort auf Saul. In der kurzen Abwesenheit von zu Hause ist eine solche Veränderung mit ihm vorgegangen, daß er jetzt mit den göttlichen Eingebungen in Einklang steht, was früher nie der Fall gewesen. Saiten in seiner Seele, die sich noch nie gerührt, beginnen in wunderbarer Harmonie zu schwingen. Verlangen nach Gott, Empfänglichkeit für geistliche Einflüsse, deutliches Empfinden des Unsichtbaren und Ewigen erfüllen sein Herz, »und der Geist Gottes geriet über ihn, daß er unter ihnen weissagte«. Diese Erscheinung darf uns nicht zu sehr Wunder nehmen. Es kommt öfter vor, daß Menschen zeitweise, man möchte sagen anfallsweise, stark von religiösen Eindrücken berührt werden, die noch nicht dauernd und endgültig von ihrem vorigen eitlen Wandel erlöst sind. Ein Acker mag vom Tau befeuchtet worden sein und vom Regen des Himmels getrunken haben und doch nur Dornen und Disteln tragen. Die Saat geht schnell auf, wenn auch nicht viel Erde da ist, aber sie welkt auch schnell. Als Philippus in Samaria auftrat, wurde Simon von allem, was er sah und hörte, sehr ergriffen, und dennoch mußte Petrus das vernichtende Urteil über ihn fällen: »Du bist voll bitterer Galle, verknüpft mit Ungerechtigkeit.«

Aber was bei Saul nur eine oberflächliche Bewegung war, kann uns allen bleibender Besitz werden. Der Geist Gottes kann uns dauernd erfüllen, wie Er die Christen der ersten Gemeinde erfüllte. (Vergl. Apg. 4,8; 13,52; 6,5. Elberf. Übers. beachte die verschiedenen Zeitformen des Verbes usw.)

Wen Gott zu einem außergewöhnlichen Dienst beruft, dem gibt Er auch die besondere Begabung dazu. Zu Mose sagt der HERR: »Siehe, Ich habe mit Namen berufen Bezaleel, den Sohn Uris, ... und habe ihn erfüllt mit dem Geist Gottes, mit Weisheit und Verstand, und Erkenntnis und mit allerlei Werk« (2. Mose 34,3). Das gilt ganz allgemein; so gewiß die Berufung, so gewiß die Ausrüstung. Aber wir müssen danach ausschauen, sie erbitten und erkennen; ohne irgend ein besonders überwältigendes Gefühl davon zu haben, müssen wir uns dann im Glauben auf den vorgezeichneten Pfad hinauswagen. In der Tat des Gehorsams wird uns plötzlich und dankbar klar, daß wir die Kraft haben. O daß der Geist Christi mächtig an allen Seinen Dienern wirkte, so daß sie den Anforderungen und Gefahren der heutigen vielbewegten Zeit gewachsen wären, und daß der Meister von einem jeglichen sagen könnte: »Siehe, das ist Mein Knecht, Ich erhalte ihn, Ich habe ihm Meinen Geist gegeben, er wird das Recht unter die Heiden bringen« (Jes. 42,1).

Die Veränderung, die mit dem jungen Ackerbürger vor sich gegangen war, gab zu großem Erstaunen Anlaß. »Ist Saul auch unter den Propheten?« war die allgemeine Frage. Es erregte ebensoviel Aufsehen, als wie Saulus von Tarsus auf einmal bei den Christen zu finden war, die er vordem so heiß verfolgt hatte; oder wie Bunyan, der Verfasser von »des Christen Pilgerreise«, sich von seinem wilden Leben bekehrte und anfing zu predigen. Gerüchte, daß Saul bei Samuel gewesen war, fingen an, sich zu verbreiten; ein Verwandter fragte ihn, wo er gewesen wäre, und die Antwort des jungen Mannes bestätigte die Vermutung, daß er eine Begegnung mit dem großen Propheten gehabt hatte.

Als die ersten Erregungen sich einigermaßen gelegt hatten, und Saul seiner selbst wieder Herr geworden war, ging er auf die Höhe, wahrscheinlich um zu beten und über alle Erlebnisse der jüngst vergangenen Zeit nachzudenken und sich ihrer vollen Bedeutung klarzuwerden.

Wohin, o heiliger Gott, sollen wir in den entscheidenden Momenten unseres Lebens gehen, außer zu Dir? Nur Du kannst uns ganz verstehen.

»Tue, was dir unter Händen kommt«, war Samuels Gebot gewesen, ehe er seinen tiefergriffenen Gast entließ. Wir sollen nicht die Hände in den Schoß legen, sonderen auch zur gegebenen Zeit frisch zugreifen und unseren gesunden Menschenverstand gebrauchen; nur muß dieser Verstand sich von Gott haben heiligen lassen. Gott schickt die äußeren Umstände; wie wir sie gebrauchen, ist unsere Sache; derselbe Stein, der dem einen als Stufe zu höheren Dingen dient, ist dem andern ein Stein des Anstoßes. Zwei Kinder besuchen dieselbe Schule; das eine lernt seine Aufgaben und hat die richtigen Antworten auf die Fragen des Lehrers bereit; das andere lernt nichts und bleibt dumm und unwissend; in dem einen Fall zeitigen Sonne und Regen Blüten und Früchte, in dem anderen Unkraut. Der göttliche Führer will uns durchaus nicht davon zurückhalten, unser eigenes Urteil zu haben und erwägend rück- und vorwärts zu blicken, vor allem aber aufwärts, um den Willen des HERRN zu erkennen.

Ich möchte sagen, der geheiligte Verstand, das betend gefaßte Urteil, sind die klaren Scheiben, durch welche das Licht Gottes in unser Inneres scheint. Wir sind weder Automaten noch willenlos dahingetriebenes Vieh, und noch viel weniger hängen wir von einem blinden Schicksal oder Zufall ab. Wenn wir uns nach der göttlichen Führung ausstrecken, wird sie uns allemal zuteil werden, aber dann müssen wir auch mit Selbstentscheidung danach handeln, sonst nützt sie uns ja gar nichts. Nur die, so da empfangen die Fülle der Gnade und Gabe zur Gerechtigkeit, werden herrschen im Leben (Röm. 5,17).

Der Engel Gottes, der Petrus in der Nacht aus dem Gefängnis erlöste, führte den geblendeten und verwirrten Apostel »eine Gasse lang« und verschwand dann. »Da Petrus zu sich selber kam, ... und als er sich besann, kam er vor das Haus der Maria.« So lange wie Petrus seiner selbst nicht ganz mächtig, wie im Traume dahin wandelte, mußte er sorgsam geführt und behütet werden, aber sowie er sich in der frischen Morgenluft erholte, und seine Gedanken sammeln konnte, wurde er sich selbst überlassen und durfte frei wählen, wohin er seine Schritte lenken wollte.

Dem, der da überwindet, verspricht der Meister einen weißen Stein. (Offb. 2,17. Elberf. Übs.) Ist das nicht das neutestamentliche »Licht und Recht«, das Aaron auf dem Herzen trug — eine Fähigkeit der Erkenntnis und Beurteilung, durch welche das Licht der heiligen Gegenwart Gottes leuchtet? O daß wir alle diese Gabe aus Jesu Händen empfingen, um dann in Demut Ihm nachzusprechen: »Mein Gericht ist recht; denn Ich suche nicht Meinen Willen, sondern Meines Vaters Willen, der Mich gesandt hat.«

XII.
Innere und äußere Kämpfe

(1. Samuel 11)

In dir schwach, klein und bloß,
In Gottes Stärke groß,
In Demut tief gebückt,
Im Glauben unverrückt,
Im Geist getrost und frei
In deinem Wandel sei.

Das elfte Kapitel berichtet von einem großen Sieg Sauls; es war ein Monat nach seiner Ernennung zum König und seine erste öffentliche Regierungstat. Sie rechtfertigte seine Wahl und brachte alle gegenteiligen Stimmen zum Schweigen; jeder Zoll ein Herrscher, so stand er jetzt vor seinem Volk und den benachbarten Völkerschaften.

Aber Augen, die tiefer blicken, lesen zwischen den Zeilen von einem zweiten Kampf. Vor dem äußeren, den Saul vor aller Augen für Israel kämpfte, hatte ein innerer stattgefunden, den er allein für sich und gegen sich ausfechten mußte; und weil er daraus als Sieger hervorgegangen war, stand er den feindlichen Fürsten fest und unbezwinglich gegenüber.

So ist es immer, stets gehen zwei Kämpfe nebeneinander: außen der Krieg mit der Sünde und Finsternis in der Welt, innen der verborgene Kampf des Herzens, von dem die Außenstehenden oft nichts ahnen. Wüßten wir die Herzensgeheimnisse großer Männer, der Helden im Streit gegen Sünde und Unrecht, die sich aller Unterdrückten annehmen und laut gegen alle Ungerechtigkeit protestieren, wir würden sehen, daß sie oft von dem inneren Kampf ganz erschöpft sind, daß sie sich aus dem lauten Getümmel zurückziehen, um neue Kräfte gegen den Feind im Herzen zu sammeln. Der kühne Streiter Jesu Christi seufzt im Verborgenen: Wie leicht wäre es zu siegen und für meinen HERRN die Schlacht zu gewinnen, wenn ich nur nicht so viel mit mir selbst zu schaffen hätte, wenn ich nur auf festem Grund und Boden stände, anstatt auf dem Triebsand wechselnder Stimmungen.

Ja, es kommt sogar vor, daß in schwacher Stunde so ein großer

Kämpfer sich fragt, ob es nicht vielleicht besser wäre, den ganzen Kampf nach außen schlankweg aufzugeben und alle Kraft auf das eigene Gebiet zu verwerten.

Es ist aber gut, daß diese beiden Kämpfe nebeneinander bestehen, denn wenn man nur gegen das Übel außer sich in der Welt zu streiten hätte und nichts von einem inneren Kampfe wüßte, würde man sehr schnell hochmütig werden, sich über alle Versuchung erhaben und etwas ganz anderes als andere Sterbliche dünken; und wenn man andererseits sich nur auf den inneren Kampf beschränkt, so wird man leicht verzagt und bekommt krankhafte Ideen.

Nein, laß beide Kämpfe nebeneinander bestehen, und laß die Siege, die du für Gott in der Welt erkämpfst, ein wenig in die Wagschale fallen gegen das furchtbare Bewußtsein der Niederlagen, das du vielleicht im Herzen trägst; laß beides Hand in Hand gehen, und wisse, daß, wenn du innerlich überwindest, du auch äußerlich siegst, und wenn du innerlich unterliegst, es auch im äußeren Kampf der Fall sein wird. Genau im Verhältnis, wie wir die inneren Feinde überwinden, wie Saul es getan, werden wir, wie er, die Ammoniter zu Boden werfen.

Zwei Gedanken drängen sich in diesem Kapitel auf. Erstens: Sauls innerer Kampf und Sieg; zweitens: Sein äußerer Kampf und Sieg.

I. Innerer Kampf und Sieg. Die erste Versuchung, die der junge König zu bestehen hatte, war die zum Hochmut. Von dem Wunsch beseelt, das neue Königreich zu begründen, berief Samuel eine große Volksversammlung nach Mizpa, der Stätte einstiger schmählicher Niederlage und späteren glorreichen Sieges. Die Stämme Israels versammelten sich und schickten sich an, ihren erwünschten König durch das Los zu wählen, welches sie als von Gott verordnet betrachteten. Nach einem Gebet wurde es geworfen und der Ausgang Gott überlassen; zuerst wurde der Stamm Benjamin getroffen, dann das Geschlecht Matri, dann die Familie von Kis, und schließlich fiel das Los auf seinen Sohn Saul. Aber wo war der? Er wußte durch Samuel ganz genau, daß er der von Gott erwählte König war; er hatte schon die Weihe der Salbung empfangen; seine Gestalt war von königlichem Ansehen, eines Hauptes länger als alles Volk. Wenn es je in einem Menschenleben einen Moment gegeben hat, dem Ehrgeiz Raum zu geben und sich vorzudrängen, so war für Saul der Augenblick gekommen, aufzutreten und sich dem Volk als unvergleichlicher Kronbewerber vorzustellen. Aber nichts davon; er war überhaupt nicht zu finden. Erst als die bestürzten Israeliten zum zweiten Mal Gott um Rat gefragt hatten, wurde ihnen die Anweisung zuteil, ihn aus seinem Versteck unter den Fässern zu holen.

Diese Bescheidenheit ist ein schöner Zug in Saul und unserer Bewunderung wohl wert. An Livingstone werden wir erinnert, der, als er aufgefordert wurde, die nachmalige so berühmte Predigt in Kirk-o-Schotts zu halten, schnell in entgegengesetzter Richtung reiste und erst nach einigen Stunden durch Gottes Geist veranlaßt wurde, den segensreichen Auftrag zu übernehmen. Wer sich nach hoher Stellung drängt und viel von sich selbst hält, schlägt auf dem Weg zur Höhe hin; wer dagegen bescheiden ist, andere höher als sich achtet, die Öffentlichkeit und das Gepränge flieht, der wird von Gott erhöht werden.

Eine zweite Versuchung, die an Saul herantrat, war die zur Rache. Zwischen die Rufe: »Glück dem König!« mischten sich Stimmen, die fragten: »Was soll uns dieser helfen?« Das war ein bitterer Tropfen in dem vollen Glücksbecher. Wer, der öffentlich aufgetreten ist, hätte nicht schon erfahren, wie ein boshaftes Wort der Kritik allen Beifall aus Freundes Mund zunichte macht. Saul wird es auch tief empfunden haben. Der Feuerbrand fiel in seine Seele; aber er unterdrückte den Drang nach Rache und trat die glühenden Funken mit dem Fuße aus. Nicht, als ob er feige gewesen wäre, denn wir erfahren kurz darauf, daß sein Zorn ergrimmt, als er die Bedrängnis der Stadt Jabes in Gilead erfährt. Wo es galt, Unrecht zu bekämpfen, konnte der junge Herrscher heiß aufflammen, aber hier betraf es nur seine eigene Person, und da hielt er sich im Zaum, »er tat, als hörte er es nicht«. Er wollte es eben nicht hören und stellte sich taub, obwohl ihn jedes Wort ins Herz traf. Große und segensreiche Kunst, wenn ein Mensch ruhig seinen Weg weitergehen kann und gar nicht auf Veleumdung und Lästerung reagiert, lieblose Worte und Lügen gegen sich einfach nicht hört, sondern so handelt, als ob nichts geschehen wäre. Man muß in solchem Fall von Menschen ganz absehen und sich zu Gott wenden und es Ihm überlassen, Licht in die Sache zu bringen; früher oder später wird Er uns rechtfertigen und auch unseren Feinden gegenüber unser Recht und unsere Unschuld an den Tag bringen.

Hätte Saul von diesen Schreiern Notiz genommen, so wäre er auf eine schiefe Bahn geraten; denn hätte er die Verleumder ungestraft gelassen, so hätte man ihm Feigheit und Schlaffheit vorgeworfen, und andererseits wäre es bei einer Bestrafung leicht zu Grausamkeiten gekommen. Er handelte schon am klügsten, als er sich taub stellte und die aufbäumende Leidenschaft in seinem Innern mit starker Hand bezwang.

Noch eine dritte Versuchung muß Saul sehr nahegetreten sein: die zu äußerer Prachtentfaltung. Als die Versammlung zu Mizpa sich auflöste, kehrte er nach Gibea zurück; er war jetzt nicht nur von Samuel zum König ernannt und gesalbt und von ihm als Huldigung geküßt worden; nein, seitdem war noch viel passiert, um ihn als den von Gott erwählten Herrscher zu bezeichnen; das Los war auf ihn gefallen, das Volk hatte ihm zugejauchzt und ihn anerkannt; eine Schar von Jünglingen schloß sich ihm in schwärmerischer Begeisterung an, und er wußte, daß er jederzeit die Blüte seines Vaterlandes um sich versammeln konnte; und dieser Mann nimmt daheim in Gibea ganz ruhig seine ländliche Arbeit wieder auf. Dabei konnten seine Gedanken sich mit dem wunderbaren Geschick beschäftigen, das ihm zuteil geworden war, und er mag sich gefragt haben, wann ihm wohl Gott erlauben würde, auch äußerlich und öffentlich als König aufzutreten.

In allem spiegelt sich eine große Seele — ja, wir wissen wohl, daß Leidenschaft und Wahnsinn später sein Leben verwüsteten, daß er in Wut öfter den Speer nach David warf, daß er launisch und finster wurde, mörderische Pläne faßte, und daß er schließlich den Tod des Selbstmörders starb; aber in dieser Zeit seines Lebens ist Saul sehr anziehend, und jeder kann sich ein Beispiel an seiner Demut, Sanftmut und bescheidenen Zurückhaltung nehmen.

Ich hege nun gar keinen Zweifel daran, daß du, mein Leser, auch sehr viele vortreffliche Eigenschaften hast; aber wenn dein natürliches, auch noch so liebenswürdiges Wesen vom Heiligen Geist nicht ergriffen und geheiligt wird, dann ist es gar nicht möglich, daß du den verführerischen Einflüssen der Welt widerstehst. Sieh zu, daß alles, was du bist, dem HERRN ausgeliefert ist, so daß dein Charakter nicht nur die wilde Frucht der natürlichen Entwicklung, sondern die Folge von Jesu Innewohnen ist.

II. Der äußere Kampf. Als Saul eines Abends vom Felde heimkehrte, vernahm er das Wehklagen, in welches die Bevölkerung des Orients bei einer Trauernachricht ausbricht; er fragte sofort: »Was ist dem Volke, daß es weint?« Da erfuhr er, wie im Lande Gilead, jenseits des Jordans, die Stadt Jabes von den Ammonitern hart bedrängt wurde; vor hundert Jahren waren sie zwar gründlich von Jephta geschlagen worden; aber sie hatten ihren Anspruch auf das Land nie ganz aufgegeben und belagerten jetzt Jabes unter Anführung ihres Königs Nahas. Eine Woche Frist hatte Nahas den flehenden Bürgern höhnisch gewährt; war bis dahin kein Entsatz gekommen, so sollte jedem Manne das rechte Auge ausgestochen werden, wodurch er zum Kriegsdienst untauglich wurde, denn das linke Auge wurde ja immer vom Schild verdeckt.

Ganz in Verzweiflung wandte sich die hartbedrängte Stadt nach Gibea, denn zu Zeiten der Richter hatte Jabes in Gilead sich geweigert, an dem Ausrottungskampf gegen die Benjaminiter teilzunehmen und hatte ihnen 400 Töchter zu Frauen gegeben. Es bestand also eine Blutsverwandtschaft zwischen diesem Stamm und den Bewohnern von Jabes, und sie empfanden, daß sie in ihrer furchtbaren Bedrängnis einen Anspruch auf seine Hilfe hatten; wenn Benjamin nicht half, wer sollte dann helfen? Blut ist dicker als Wasser. Aber die Bewohner von Gibea hatten keinen Mut; es schien ganz unmöglich, in so kurzer Zeit Rettung zu schaffen; der Gedanke, daß Saul ihnen helfen könnte, kam ihnen gar nicht. Der Abend brach herein, und dunkle Verzweiflung senkte sich auf alle Gemüter.

Da erwachte in dem Herzen des Mannes, der sich selbst besiegt hatte, ein ganz neuer Geist. Die Schrift sagt: »Da geriet der Geist Gottes über ihn«, und »Da fiel die Furcht des HERRN auf das Volk«, und noch einige Verse weiter: »Der HERR hat heute Heil gegeben in Israel.«

Mut, nur Mut! Sei tapfer in dem Streit in deinem Inneren; lege in der Kraft Gottes die Sünde ab, die dir immer anklebt und dich träge macht, und die Stunde wird schlagen, wo du in Seiner Kraft Dinge ausrichtest, die dir sonst ganz unmöglich wären, wo von dir Kraft auf deine Umgebung ausströmt und Zittern deine Feinde überfällt.

Saul begriff sofort die Notlage, schlachtete und zerstückte zwei Rinder und schickte die Stücke durch Boten durch ganz Israel, um mit furchtbarer Drohung die streitbaren Männer zu entbieten.

Ganz Israel folgte dem Ruf des Königs; aus dem zusammengelaufenen Haufen ohne Zucht und militärische Ordnung schuf Saul in Gottes Kraft ein geordnetes Heer und schickte es in drei Abteilungen auf verschiedenen Wegen, die Ammoniter zu überfallen. Boten brachten die Kunde von der nahenden Hilfe nach Jabes, und frohe Hoffnung kehrte in die Herzen der Bürger ein. Als der Morgen über den stillen Bergen Gileads aufdämmerte, da brachen Sauls Heere von drei Seiten wie eine Sturmflut über die schlafenden Ammoniter herein. Entsetzt fuhren diese auf, aber noch halb im Schlaf waren sie ganz unfähig, dem unerwarteten Angriff zu widerstehen; sie wurden vollständig von den Israeliten geschlagen, und als die Sonne im Mittag stand, waren nicht mehr zwei beieinander. Dieser große Sieg war ein verheißungsvoller Anfang der neuen Regierung.

Möchtest du nicht auch solch schönen Sieg gewinnen können über die Sünde in der Welt? Ja? Dann vor allen Dingen mußt du deiner selbst Herr sein; gürte dich zum Kampf des Glaubens. In diesem Kampf gibt es verschiedene Etappen; zuerst kommen natürlich die äußeren Verhältnisse in Betracht; damit muß man anfangen. Du handelst nur in deinem eigenen Interesse, wenn du den Beruf aufgibst, der dir eine stete Quelle der Versuchung ist, wenn du dich aus der Nähe derer entfernst und sie meidest, die Sünde tun und noch darüber lachen. Sünde ist ansteckend, merke dir das! Du darfst die Bücher nicht lesen, die Zeitschriften nicht halten, die schlüpfrigen Bilder nicht ansehen, die deine Phantasie mit unreinen Vorstellungen füllen; du darfst die Gesellschaften, Kneipen und Festlichkeiten nicht mitmachen, wo die Sünde sich unter der Maske des Vergnügens einschleicht; gib jeden Verkehr auf, und wenn es mit lieben Kameraden ist, wo du zur Sünde verleitet wirst. — Das ist die erste Pflicht — erst stelle dich zu den äußeren Verhältnissen richtig. Gehe aus von ihnen, sondere dich ab, und rühre nichts Unreines an.

Wir kommen nun zu der zweiten Etappe, nämlich zu unseren Gewohnheiten. Äußere Verhältnisse sind wie unsere Gewänder, Gewohnheiten wie unsere Haut. Jeder muß da für sich allein Bescheid wissen, und seinen verborgenen Kampf kämpfen. — Hat dich der Alkohol in Bande geschlagen, oder fesseln dich sinnliche Lüste? Ich weiß es nicht, aber Gottes Macht kann deine Ketten sprengen.

Drittens gilt es den Kampf gegen erbliche Belastung. Vielleicht hast du von Vaters Seite her, möglicherweise durch Generationen hindurch eine furchtbar leidenschaftliche Natur geerbt; — oder von der Mutter her Empfindlichkeit, oder Hochmut mit in die Wiege gelegt bekommen, oder was man »Nerven« nennt; kannst nicht fein ruhig deines Weges gehen und dich zur rechten Zeit taub stellen. Jedermann schleppt ererbte Eigenschaften und Neigungen mit sich herum, die den guten Kampf erschweren. Werde dir ganz klar darüber, welche es bei dir sind, und dann stelle das Kreuz Christi zwischen dich und sie; stirb ihnen, stirb dir selbst, stirb dem ersten Adam, weil du dem zweiten auferstanden bist; tritt die Erbschaft nicht an.

Wenn du dich nun soweit durchgekämpft hast, dann bist du an das innerste Festungswerk deines eigenen Selbst gelangt. Da gibt es einen geheimnisvollen, verborgenen Kampf, von dem sogar deine nächsten Freunde oft nichts ahnen, und ihn oft gar nicht begreifen. Wie kann auch ein anderer verstehen, daß es Dinge gibt, die gerade du nicht tun darfst, Sachen, die gerade dir zur Versuchung werden; wer kennt das verborgene »Ich«, das gerade du ans Kreuz schlagen mußt? Das ist ein heißer, einsamer Kampf, bei dem manche Blume am Weg zertreten wird und viel Herzblut fließt. Reichtum und äußerer Glanz können uns nichts helfen und trösten uns nicht in dem inwendig tobenden Streit. Was gilt uns äußerer Erfolg, was Beifall der Menge, was der Siegeskranz, wenn wir blutend auf dem Schlachtfeld des Herzens liegen? — Aber wir streiten weiter, wir vermögen alles durch den, der uns mächtig macht, Christus. — »Kommt nur, ihr Ammoniter, es werden eurer nicht zwei beieinander bleiben.«

Kämpfe, kämpfe, kämpfe den guten Kampf des Glaubens; ergreife das Leben, das ewig ist.

Um einen ew'gen Kranz
Dies arme Leben ganz.

XIII.
Gottes Treue

(1. Samuel 12, 22)

Gott ist und bleibt getreu!
Er weiß, was wir vermögen,
Er pfleget nie zu viel
Den Schwachen aufzulegen;
Er macht Sein Israel
Von Last und Banden frei,
Wenn große Not entsteht;
Gott ist und bleibt getreu.

Die Nachricht der Entsetzung von Jabes-Gilead verbreitete sich durch ganz Israel, und Sauls Heldentat war in aller Munde. Der Moment zu einer feierlichen Übergabe des Reiches schien gekommen, und Samuel berief eine Volksversammlung nach Gilgal. An dieser Stelle hatte Israel die erste Nacht nach dem Durchgang durch den Jordan gelagert; die zwölf großen Steine, die dem Fluß zum Gedächtnis dieses Wunders Gottes entnommen worden waren, lagen noch als Denkzeichen da; hier hatte auch die erste Beschneidung nach langer Versäumnis während der Wüstenwanderung stattgefunden; hier war das erste Passahmahl im Lande der Verheißung gefeiert worden. Inmitten dieser Erinnerungen einer großen Vergangenheit sammelten sich die Stämme, ihren König zu krönen. In Mizpa hatten sie ihn erwählt, zu Gilgal sollte er in sein Amt eingeführt werden; es war seine Thronbesteigung, seine Bestätigung und Anerkennung durch das ganze Volk. Nach der großen Feierlichkeit der Einführung wurden Gott Dankopfer dargebracht, und große Freude bemächtigte sich des jungen Königs und seiner Untertanen. Diese Stunde erwählte Samuel, um öffentlich seinen Abschied zu nehmen; der letzte Richter, der erste Prophet legte seine Regierung nieder.

I. Die Abdankung. Alles auf Erden hat einmal ein Ende, auch die erfolgreichste Amtsführung und das längste Leben. »Vor seinem Ende, ehe er starb, bezeugte er vor dem HERRN und Seinem Gesalbten, daß Er von keinem Menschen Geld, auch nicht einen Schuh genommen hätte, und kein Mensch konnte ihn etwas zeihen.«

Beneidenswerter Mann, dem ein solches Zeugnis ausgestellt werden kann; der, ehe er stirbt, und seine Seele sich anschickt, vor dem himmlischen Richter zum letzten Urteilsspruch zu erscheinen, seine Hände zeigen und sagen kann: sie sind rein.

Durch Gottes Gnade konnte Samuel das tun. Sieh, wie der alte Mann entblößten Hauptes vor der ungeheuren Menge steht und auf sein weißes Haar deutend sagt: »Ich bin alt und grau geworden, und ich bin vor euch hergegangen wie ein Hirte vor der Herde von meiner Jugend auf.«

Niemand aus all den Tausenden, die da stehen, kann einen Vorwurf gegen den greisen Richter erheben; sein Lebenslauf ist fleckenlos gewesen; aber es liegt ihm daran nicht nur um seiner selbst willen, sondern auch um Gottes willen, in dessen Auftrag er gewirkt und gearbeitet hat, diese Tatsache öffentlich anerkannt zu sehen. Er ruft Israel zu Zeugen auf und fährt fort: »Antwortet mir vor dem HERRN und Seinem Gesalbten, ob ich jemandes Ochsen oder Esel genommen habe? Ob ich jemand habe Gewalt oder Unrecht getan? Ob ich von jemandes Hand ein Geschenk genommen und mir die Augen habe blenden lassen?« Das Volk antwortet einstimmig: »Du hast uns keine Gewalt noch Unrecht getan und von niemandes Hand etwas genommen.«

Aber noch ist der scheidende Prophet nicht zufrieden; er will auch Gott zum Zeugen haben und verlangt vor den Ohren des Königs eine eidliche Bestätigung dieser Aussage. Er hebt seine Hand gen Himmel und sagt: »Der HERR sei Zeuge wider euch und Sein Gesalbter heutigen Tages, daß ihr nichts in meiner Hand gefunden habt«; und wieder ertönt einstimmig die Antwort: »Ja, Zeugen sollen sie sein.« Da ist der alte Mann getröstet und erwidert: »Ja, der HERR, der Mose und Aaron gemacht hat und eure Väter aus Ägyptenland geführt hat.«

O daß alle Männer, die einen öffentlichen Dienst bekleiden, so reine Hände von Herzen hätten wie Samuel; einmal wird vor dem Richterstuhl Gottes der Bericht ihres Dienstes aus den Büchern verlesen werden; gebe Gott, daß dann klar vor aller Augen der Beweis geliefert wird, daß sie ihre hohe Stellung nicht zu ihrem eigenen Vorteil mißbraucht oder ungerechten Gewinn daraus gezogen haben, sondern Herz und Hände rein waren.

II. Die Volkssünde. Es war eine große und günstige Gelegenheit, Israel einmal klar zu machen, wo es gefehlt hatte; und wer reine Hände hat, darf es wohl wagen, in aller Aufrichtigkeit andere auf ihre Fehler aufmerksam zu machen; aber sieh wohl zu, daß dein Auge einfältig und der Balken daraus entfernt ist, ehe du versuchst, den Splitter aus deines Bruders Auge zu ziehen. Samuel hielt den versammelten Israeliten verschiedene Fälle vor, wo sie gesündigt, und wagte, die Verbrechen bloßzustellen, damit sie von der richtigen Seite erkannt würden.

Erstens zeigt er ihnen den großen Unterschied zwischen ihrem jetzigen und früheren Verhalten. Er führt ihre Gedanken nach Ägypten zurück, und wir dürfen seine Ausführungen wohl in folgende Worte kleiden: »Als eure Väter in Ägypten in der Gefangenschaft schmachteten und unter dem Joch der Pharaonen seufzten, da riefen sie den HERRN an, und Er schickte ihnen in Gnaden Erlösung; und als Israel zu den Zeiten der Richter erst von Sisera, dann von den Philistern und Moabitern bedrängt wurde, was tat es? Es schrie zum HERRN in seiner Not, und Er sandte ihm allemal Befreier; aber ihr jetzt, wo der drohende Einfall von Nahas, König der Ammoniter, wie eine Gewitterwolke am Himmel steht, haltet keinen Buß- und Bettag ab, sondern schreit nach einem König. Warum seid ihr so entartet? Vor dreihundert Jahren war das Gebet Israels natürlich Zuflucht, warum haltet ihr nichts davon? Weil ihr nicht betet, habt ihr euren Ankergrund verloren. Hier liegt eure Sünde.«

Achten wir darauf, daß wir nicht immer eigenwillig und vor schnell sagen: »Ich will dies und das tun«, sondern beständig auf Gott warten, daß Er uns einen Erlöser sende.

Zweitens stellt Samuel die Vergangenheit in ein ganz neues Licht. Die Israeliten sprachen nur immer von all dem Unglück, das sie betroffen hatte; wie die Ammoniter, Philister, Moabiter, der grausige Sisera und andere Völkerschaften sie besiegt und unterdrückt hatten, und um eine Wiederholung solchen Jammers zu verhüten, hatten sie auf der Notwendigkeit bestanden, einen König zu bekommen. Samuel gibt alles zu, aber er zieht ganz andere Schlüsse daraus. Er sagt: »Ihr schreit nach einem König, der euch vor solchem Unglück bewahren soll; aber ich sage euch, es ist ganz gleichgültig, ob ihr einen König habt oder nicht; weder ein König, noch irgend eine Regierung, die ihr euch ausdenkt, kann euch helfen, wenn ihr Gott so links liegen laßt wie bisher und Baal und Astaroth verehrt.« Er macht es dem verblendeten Volk ganz klar, daß die Ursache und die Wurzel aller Not in seiner Unaufrichtigkeit und mangelndem Gottvertrauen zu suchen sind, und nicht etwa darin, daß es bislang keinen irdischen König hatte.

Drittens erinnert Samuel daran, daß Gott immer den rechten Mann zur rechten Zeit gesandt habe. »So bedenkt doch, hat Er nicht Mose und Aaron erweckt? Hat Er nicht Jephta und Barak (Elberf. Übs. Anmk.), Gideon und zuletzt mich gesandt? Seht doch, wie stets als Antwort auf euer Gebet Gott in der Stunde der Not den richtigen Nothelfer geschickt hat. Hättet ihr Ihm nicht weiter vertrauen können und, anstatt ungestüm euren Kopf durchzusetzen und auf einen König zu drängen, warten, daß Er euch wie bisher helfe?«

Schließlich sagt der Prediger: »Brüder, ihr seid abgefallen, ihr habt euren Glauben verleugnet; einen sichtbaren König wollt ihr haben, aber den unsichtbaren Herrscher vergeßt ihr; ihr haltet Fleisch für euren Arm, aber die Macht Gottes achtet ihr nicht; ihr wolltet euch an der Pracht und Gnade eines irdischen Königs sonnen, obwohl doch Gott euer König und wahres Oberhaupt ist, euer Führer und Schutzherr; ihr hättet Ihm vertrauen sollen.«

Und nun zu heute: sagt einmal, machen wir es eigentlich viel anders? Wir sehen auch auf das Sichtbare und vergessen das Unsichtbare. Die Welt ist so voll Unruhe und Lärm, Sorge und Streit. Im Schatten hinter dem leichten Vorhang des sinnlich Wahrnehmbaren aber steht der gekrönte, ewige Heiland und wartet darauf, daß wir unsere ganze Hoffnung auf Ihn setzen.

Samuel handelte mutig, edel und recht, als er seinem Volk zeigte, wie es von dem festen Ankergrund des Glaubens abgetrieben und in den Strudel tatsächlicher Gottesleugnung und Unglaubens geraten war.

III. Samuels Zuversicht. Nachdem der Prophet auf oben geschilderte Weise sein Amt an Saul, den neuen Führer Israels, abgegeben hat, und dem Volk seinen Abfall von Gott vorgehalten, schlägt er neue Saiten an, und fährt mit unnachahmlicher Sanftmut fort: »Aber der HERR verläßt Sein Volk nicht, um Seines großen Namens willen.«

Nimm diese Worte zu Herzen, und laß sie wie süße Musik in deiner Seele klingen: Der HERR wird Sein Volk nicht verlassen!

Es mag das von Gott gesteckte Ziel aus den Augen verloren haben; es mag kurze Zeit vom Standpunkt kindlichen Glaubens abgekommen sein; aber der HERR kann Sein Volk nicht verlassen um Seines großen Namens willen.

Die Heiligen des Alten Testaments haben das erfaßt und berufen sich in ihren Gebeten oft darauf. Als Gott Sein Volk verwerfen will, weil es ein goldenes Kalb gemacht und dasselbe angebetet, wagt Mose sich vor das Angesicht Gottes und fleht: »HERR, warum will Dein Zorn ergrimmen, ... warum sollen die Ägypter sagen und sprechen: Er hat sie zu ihrem Unglück ausgeführt?« Wiederum, als Israel sich gegen Mose und Aaron empört und aus Furcht vor den Einwohnern das gelobte Land nicht einnehmen will, und Gott es vertilgen will, rechtet Mose förmlich mit dem HERRN: »So werden es die Ägypter hören, ... und man wird sagen zu den Einwohnern dieses Landes, die da gehört haben, daß Du, HERR, unter diesem Volke seist ... und sprechen: Der HERR konnte das Volk nicht ins Land bringen, das Er ihnen geschworen hatte.« (2. Mos. 32,12; 4. Mos. 14,16.)

Als die Israeliten vor Ai die Flucht ergreifen, wirft sich Josua vor der Lade des HERRN zur Erde und ruft: »Ach, mein HERR, was soll ich sagen, weil Israel seinen Feinden den Rücken kehrt? Wenn das die Kanaaniter und alle Einwohner des Landes hören, so werden sie uns umgeben und auch unseren Namen ausrotten. Was willst Du dann bei Deinem großen Namen tun?«

Jahrhunderte später läßt Gott durch Jesaja dem auserwählten Volk seine Sünden vorhalten und verkündigt schließlich Seine Gnade mit den Worten: »Darum bin Ich um Meines Namens willen geduldig, und um Meines Ruhmes willen will Ich Mich dir zugut enthalten, daß du nicht ausgerottet werdest.« »Um Meinetwillen, ja um Meinetwillen will Ich es tun, daß Ich nicht gelästert werde; denn Ich will Meine Ehre keinem anderen geben.« (Jes. 48,9.11.) Im 20. Kapitel des Propheten Hesekiel begründet Gott Seine Nachsicht mit Israel dreimal durch die bemerkenswerten Worte: »Ich ließ es (die Betätigung Seines Zornes) um meines Namens willen, daß Er nicht entheiligt würde vor den Heiden.« Gottes ganzes Wesen und Sein liegen in Seinem Namen beschlossen, und um Seiner selbst willen kann Er Sein Volk nicht verlassen.

Der greise Samuel fährt in seiner Rede fort und sagt tröstend: »Es hat dem HERRN gefallen, euch sich zum Volke zu machen.«

(Elberf. Übers.) Es hat Gott gefallen! Seine Gründe wissen wir nicht, denn sie sind tief verborgen. Er liebt, weil es Ihm in Seiner Gnade so gefällt. Das Feuer Seiner Liebe braucht keine Nahrung; der Busch verzehrt sich nicht, um die Flamme zu unterhalten. Wir dürfen hier auch den Spruch anführen: »Jesus Christus, der sich selbst für uns gegeben hat, auf daß Er uns erlöste von aller Ungerechtigkeit und reinigte sich selbst ein Eigentumsvolk« (Titus 2,14).

Diese Versicherung gilt erstens jedem Menschen einzeln und persönlich. Gott wird dich nicht verlassen. Er hat dich ja gar nicht erwählt, weil du etwa so fromm oder so reizend bist, und Er wird dich auch nicht zur Seite schieben, wenn du irregehst. Er hat dich aus reiner Gnade als Kind angenommen, nicht weil irgend eine Eigenschaft in dir Ihm besonders gefiele; einmal wird Er dir vielleicht sagen warum; aber augenblicklich können wir uns gar keinen Grund denken, weshalb Er uns vor anderen erwählt hat, Sein zu sein. Es hat Ihm eben gefallen, uns zu Seinen Kindern zu machen, und obwohl wir gegen Ihn gesündigt und Seinen Heiligen Geist betrübt haben, obwohl wir uns vielleicht vermischt haben mit den Völkern, die um uns wohnen, Gott wird Sein Volk nicht verlassen. Wenn Er es täte, so würde Anklage gegen Seine Liebe erhoben, daß sie nicht unendlich wäre, daß sie zu Ende wäre, wenn die Sünde einen gewissen Höhepunkt erreicht, daß sie nicht »überschwenglich« (Röm. 5,20, Elberf. Übers.) wäre. Ja, auch Gottes Macht würde in Frage gezogen werden, denn die verlorenen Geister der Hölle würden triumphierend behaupten, daß Er sich mehr vorgenommen habe, als Er ausführen könne, daß Er einen Bau begonnen und die Kosten nicht überschlagen habe.

Auch Gottes Unwandelbarkeit würde in Zweifel kommen. Durch das Weltall ginge die Rede: Gott hat sich einer sündigen Seele erbarmt, sie gereinigt und mit Kleidern des Heils angezogen, sie geliebt und gesegnet, und — auf einmal ist Er anderer Meinung geworden. Bei der Nachricht, daß Gott wandelbar sei, beginnt das Schloß der Ewigkeit zu wanken, der Thron des Himmels bebt, und das Gewölbe des Raums rollt dem Abgrund entgegen. Unmöglich kann Gott das Werk aufgeben, das Er im Menschen begonnen; darum dürfen wir auf Erlösung rechnen. Rechtsansprüche haben wir nicht, auch keine angeborene Schönheit oder natürliche Anziehungskraft für den, der in die verborgensten Falten des Herzens schaut; auch bedarf Er unserer Dienste nicht; Er hat uns nicht nötig, aber Er hat uns nun einmal geliebt und muß es durchführen und vor aller Welt bei Seiner Wahl bleiben. O Menschenseele, Gott wird dich nicht verlassen.

Zweitens darf die Gemeinde sich diese Verheißung aneignen. Gott konnte Israel nicht verlassen, weil Er Seine Auserwählung nicht grundsätzlich bereut. Was von Israel gilt, gilt sicher auch von der Gemeinde. Da können viele Fehler, viele Widersprüche sein, die abgeschafft werden müssen; aber verwerfen kann Gott sie nicht trotz aller Mängel. In Christus ist sie vor Ihm vollkommen. Deshalb reinigt und läutert Er sie jetzt, bis sie Sein Bild wiederspiegelt und als geschmückte Braut für den Sohn passend ist.

XIV.
Gebets-Treue

(1. Samuel 12, 16-25)

O der unerkannten Macht
Von der Heil'gen Beten!
Ohne das wird nichts vollbracht,
So in Freud' als Nöten;
Schritt für Schritt
Wirkt es mit,
Wie zum Sieg der Freunde,
So zum End' der Feinde.

Die Szene, mit welcher Samuels öffentliche Laufbahn als Richter und Anführer Israels schließt, ist von erhabener Schönheit. Wäre er jung gestorben, so hätte er keine so hohe Stufe in der Weltgeschichte erreicht, und sein Charakter stünde nicht in so makelloser Entfaltung vor uns. Leicht wird es ihm nicht geworden sein, sein Amt niederzulegen und eine Form der Regierung einzuleiten, mit der er innerlich nicht in Einklang stand; denn Israel achtete seinen höchsten Ruhm, Gott zum König zu haben, für nichts. Aber Samuel drängte seine persönlichen Gefühle zurück und tat sein möglichstes, um seinem Volk auf der eigenwillig erwählten Bahn weiterzuhelfen; mit großer Weisheit suchte er einen König aus und versuchte die Kluft zwischen der alten und neuen Regierung zu überbrücken.

Ehe wir unsere Betrachtung der großen Volksversammlung zu Gilgal schließen, in welcher die Wahl Sauls zum König bestätigt wurde, müssen wir noch ein Wort über die Kraft des Gebets sagen, die Samuel besaß, und auf die in der Bibel wiederholt hingewiesen wird. Er war ein Held zugleich im Gebet und auf politischem Gebiet; sein ganzes Leben ist von Gebet getragen.

Schon das Kind Samuel bittet Gott zu reden und lauscht aufmerksam auf die göttliche Stimme. Im 99. Psalm, Vers 6, wird er als namentliches Beispiel unter denen angeführt, die Gott anrufen und erhört werden. Jeremia deutet die wunderbare Macht an, die er fürbittend für sein Volk ausgeübt hat (Jerem. 15,1). Ganz Israel wußte, daß Samuel zum HERRN »schreien« konnte. Seine

Fürbitte hatte ihnen in Gefahr Rettung und in Schlachten Sieg verschafft (1. Sam. 7,8 u. 8,6). Die Verbindung zwischen Gott und ihm war nie gestört; Gottes Gedanken konnten auf ihn überströmen, und mit brennendem Eifer suchte er sie in die Tat umzusetzen.

I. Samuels Gebet um Donner und Regen. Das Menschenherz schreit nach einer göttlichen Bestätigung der Dinge. Zu allen Zeiten hat eine »böse und verkehrte Art« nach Zeichen und Wundern verlangt und damit den Beweis geliefert, wie weit sie sich von der Quelle allen Lichts entfernt hat, und wie verblendet sie in geistlicher Beziehung ist. Wenn wir unserem innersten Wesen nach das wären, wozu der Schöpfer uns bestimmt hat, so würden wir Seine Hand deutlich in all den Erscheinungen erkennen, die uns durch ihre stete Wiederkehr zu alltäglich und bekannt geworden sind, um darin etwas Besonderes zu sehen. Wer erkennt Ihn im Licht der Sonne, das uns morgens aufgeht, oder im Sommerwind, der durch die Blüten streift? Wer sucht Seine Wunder in den lieblichen Blumen in Feld und Wiese, oder im Tau und Regen? Und doch führen Paulus und Barnabas den heidnischen Griechen diese Dinge als Beweis für Gottes Dasein an. »Und zwar hat Er sich selbst nicht unbezeugt gelassen; hat uns viel Gutes getan, und vom Himmel Regen und fruchtbare Zeiten gegeben, unsere Herzen erfüllt mit Speise und Freude« (Apg. 14,17).

Aber die Menschen sind sehr, sehr kurzsichtig und erkennen die Fußspuren des lebendigen Gottes in Welt und Leben nicht. »HERR«, klagt der Prophet, »Deine Hand ist erhöht, das sehen sie nicht« (Jes. 26,11).

Weil der Mensch die Fähigkeit durch eigene Schuld verloren hat, Gott in den Vorkommnissen des täglichen Lebens zu sehen, schreit er nach Außergewöhnlichem, um sich selbst zu beweisen, daß es einen lebendigen und gegenwärtigen Gott gibt. Zeige uns, sagt er zu dem gottgesandten Boten, deine Beglaubigung vor, und zwar eine so in die Augen springende, daß uns gar keine Möglichkeit zum Zweifeln daran bleibt. Das stille, sanfte Säuseln genügt uns nicht, wir möchten Feuer und Wind haben, oder einen Donnerschlag aus heiterem Himmel, dann werden wir wissen, daß Gott durch dich redet, und daß das Wort deines Mundes Wahrheit ist.

Samuel wußte das. Vielleicht sehnte er sich sogar auch in der Tiefe seines eigenen Herzens nach einer göttlichen Bestätigung seiner Worte. Gottes Knechte gehen jahrelang getrost durch Verkennung und Widerstand von seiten ihrer Zeitgenossen, wenn sie selbst die felsenfeste Gewißheit haben, daß sie sich auf dem Geleise göttlichen Willens befinden. »Da die Zeit war, Speisopfer zu opfern, trat Elia, der Prophet herzu, und sprach: HERR, Gott Abrahams, Isaaks und Israels, laß heute kund werden, daß du Gott in Israel bist, und ich Dein Knecht bin, und daß ich solches alles nach Deinem Wort getan habe.« So flehte einer von Samuels edelsten Nachfolgern, als alles für ihn auf dem Spiel stand, und diese Worte drücken treffend aus, was in der großen Stunde zu Gilgal auch in Samuels Herzen vorging. Amt und Würden hatte er niedergelegt, seinen Nachfolger eingeführt, dem Volk seine Sünde vorgehalten und die schweren Strafen verkündet, die dem Ungehorsam folgen. Nun sehnte er sich nach einer Stimme, die diese Worte beglaubigen und sie den Herzen und Gewissen Israels unauslöschlich einprägen sollte.

Erfüllt von diesem Gedanken schloß er seine Rede mit einem feierlichen Aufruf: »Tretet nun her, und sehet das Große, das der HERR vor euren Augen tun wird. Ist nicht jetzt die Weizenernte? Ich will aber den HERRN anrufen, daß Er soll donnern und regnen lassen, daß ihr inne werdet und sehen sollt das große Übel, das ihr vor des HERRN Augen getan habt, daß ihr euch einen König gebeten habt.«

Die Weizenernte dauert von Mitte Mai bis Mitte Juni, und in dieser Zeit fällt fast nie auch nur ein Regentropfen, und ein Gewitter, noch dazu als unmittelbare Folge von Samuels Gebet, war so unerhört, daß es nur als die Beglaubigung seiner Worte angesehen werden konnte.

Hier denkt vielleicht manch einer, dieser Vorfall ist ohnegleichen und gehört ganz und gar ins Alte Testament, aber das ist nicht der Fall. »Die Natur steht in weit innigerer Wechselwirkung mit dem Menschen, als wir annehmen, denn ob sie uns in Lieblichkeit lächelt, oder durch ihre Gewalt in Schrecken versetzt, ist sie allemal nur ein Schleier, hinter dem sich der Allmächtige verbirgt. Wie können wir uns den Orkan erklären, der die stolze spanische Armada, die ausgeschickt war, um das evangelische England zu unterjochen, an den Küsten Großbritanniens gänzlich vernichtete, wenn wir ihn nicht als direkte Antwort Gottes auf das Flehen Seiner Kinder ansehen? Wo kam die dichte Finsternis her, die den

Vatikan zur Mittagszeit einhüllte, gerade an dem Tag, als das Dogma der päpstlichen Unfehlbarkeit verkündet wurde? Sollte Gott nicht durch diese Naturerscheinung Einspruch gegen die gotteslästerliche Anmaßung erhoben haben?«

Aber es gibt noch andere Weisen der göttlichen Bestätigung, auf welche jeder wahre Gottesknecht rechnen darf. Als Paulus und Barnabas lange Zeit in Ikonien waren und frei im HERRN lehrten, »bezeugte Er das Wort Seiner Gnade«; und der Schreiber des Briefes an die Hebräer faßt die Erfahrung der ersten Verkündiger des Evangeliums zusammen, wenn er uns sagt, daß Gott ihre Botschaft bezeugt habe: »Gott hat ihr Zeugnis gegeben mit Zeichen, Wundern und mancherlei Kräften, und mit Austeilung des Heiligen Geistes nach Seinem Willen. (Apg. 14,3; Hebr. 2,3.4.) (Dies geschah im Anfang des christlichen Zeugnisses auf der Erde, ohne daß es sich heute wiederholen muß.)

Wir können Gott gar nicht genug danken für das Zeugnis des Heiligen Geistes, dessen Stimme dem treuen Gottesknecht alles, ja noch viel mehr ist, als was der Donner Samuel war. Das verlieh den ersten Gläubigen eine unbezwingliche Kraft. »Wir sind Seine Zeugen«, riefen die Apostel, »und der Heilige Geist, welchen Gott gegeben hat denen, die Ihm gehorchen« (Apg. 5,32). Der Apostel schreibt: »Unser Evangelium ist bei euch gewesen, nicht allein im Wort, sondern beides in der Kraft und in dem Heiligen Geist« (1. Thess. 1,5).

Ihr Mitknechte, Diener am Worte Gottes, macht es euch doch einmal ganz klar: Der Heilige Geist ist auch heutzutage in der Gemeinde und willens, jedes wahre Wort, das im Namen Jesu gesprochen wird, zu benutzen. Er will von Sünde, von Gericht und Gerechtigkeit überführen, damit Glaube entsteht und nicht auf Menschenweisheit, sondern auf Gottes Kraft beruht.

Da liegt oft ein Fehler unserer Predigt! Daß ernst und treu gepredigt wird, kann niemand bestreiten, aber wir schauen nicht nach dem göttlichen Mitzeugen aus und rechnen nicht mit Seiner Hilfe. Wir verstehen gar nicht, was Gemeinschaft und Mitarbeit des Trösters heißt, und darum kann Er die Gemeinde nicht — wie der Donner die Naturwelt — mit der Überzeugung durchbeben, daß das Wort, das wir reden, Wahrheit Gottes ist. Wenn wir aber nichts sehnlicher wünschen als »Vater, verkläre Deinen Namen«, so wird es an Ergebnissen wie vom Himmel nicht fehlen, die da sagen: »Ich habe Ihn verklärt, und will Ihn abermal verklären.« Manche Hörer werden zwar kühl bemerken: »Es donnerte!«, andere aber werden es richtig auffassen. (Joh. 12,28)

Gnädiger Gott, schenke uns die Kraft des Gebets, damit Du uns, wenn wir rufen, »in des Donners Verborgenheit« antworten und Donner und Regen schicken kannst. (Ps. 81,7. Elberf. Übers.)

II. Samuels anhaltende Fürbitte. Das Gewitter erschreckte die versammelten Israeliten aufs höchste, und sie verlangten stürmisch, daß der Prophet Fürbitte für sie einlegen sollte. Leben und Besitz standen in Gefahr, und sie flehten ihn an: »Bitte den HERRN, deinen Gott, für deine Knechte, daß wir nicht sterben.« Sie sagen »deinen Gott«; das scheint doch anzudeuten, daß sie sich zu unwürdig fühlten, ihr Vorrecht, das auserwählte Volk zu sein, geltend zu machen. Der greise Seher erfüllte sofort ihre Bitte, war er doch in seinem Herzen gewiß, daß Gott durch den Donner nur das Wort Seines Knechtes beglaubigt hatte und keinen Zorn damit bekundete; er beruhigte die geängstigten Gemüter, ermahnte sie aber dringend, nie den eitlen Götzen nachzuwandeln, weil es zu nichts nützen kann, und keine Hilfe bei ihnen zu finden ist; versicherte ihnen, daß der HERR sie nicht verlassen werde, und schloß mit den denkwürdigen Worten: »Es sei aber auch fern von mir, mich also an dem HERRN zu versündigen, daß ich sollte ablassen, für euch zu beten.«

Samuel erkannte ganz richtig, daß Beten Arbeit auf geistlichem Gebiet ist. Die Kraft, die wir auf physischem Gebiet in Arbeit ausgeben, wird auf geistlichem in Gebet umgesetzt. Oft ist gesagt worden: *Laborare est orare:* Arbeiten ist beten; aber umgekehrt ist viel richtiger: *Orare est laborare* — Beten ist arbeiten. »Das Gebet des Gerechten vermag viel, wenn es ernstlich ist«, sagt Jakobus. Als Epaphras seinen Brüdern in Kolossä nicht mehr durch Tun und Reden helfen konnte, begab er sich ans Beten und »rang« für sie im Gebet (Kol. 4,12).

Samuel konnte nicht mehr wie früher für sein Volk wirken; die Beschwerden des Alters und die Einsetzung eines Königs statt seiner, machten es ihm unmöglich, seine jährlichen Rundreisen zu unternehmen; aber er konnte seine Kraft auf ein anderes Gebiet übertragen. Die Gebete von Gottes Kindern können mehr ausrichten, als ein Regiment Soldaten.

Wie das Fernrohr die Sehkraft des Auges und das Telefon die

Tragweite der Stimme vergrößern, wie Maschinen die Leistungsfähigkeit menschlicher Arbeit erhöhen, so wirkt das Gebet auf die Seele, weil es die Verbindung mit der allmächtigen Gotteskraft herstellt; es berührt Hebel, die Kräfte von ewiger Dauer entfesseln, deren Tragweite durch das Weltall reicht. Mächtig ist, wer im Gebet mächtig ist; er arbeitet mit göttlichen Kräften. Warum, o Bruder, willst du nicht deine Finger auf die höhere Tastenlage der ewigen Kräfte legen, die sofort auf deine Berührung antworten würden?

Wie groß ist doch der Irrtum, sich mit der niedrigen Tastenlage des Natürlichen und Verstandesmäßigen zu begnügen, wenn das Geistliche das Höchste und Weittragendste auf dich wartet.

Samuel sah das Gebet als einen göttlichen Trieb an, für ihn wäre es Sünde gewesen, diesem Antrieb nicht zu folgen. »Es sei fern von mir, mich also an dem HERRN zu versündigen«, sagt er, »daß ich sollte ablassen, für euch zu beten.«

Mag es nun logisch oder unlogisch sein, sagt ein Schriftsteller, die Menschen beten und wollen beten. Der Trieb dazu scheint ein Teil unseres eigensten Selbst zu sein; er ist nicht immer beständig vorhanden, nur ein Heiliger hat dauernd den Geist des Gebets; aber es kommen irgendwann Zeiten, wo sich da Suchen in uns zu regen beginnt, und dann müssen wir beten. Beten ist mehr als bloßes Bitten, es ist eine Bewegung der Seele auf Gott zu. Wir erkennen, daß unserer Macht Grenzen gezogen sind und versuchen, über sie hinaus vorzustoßen. Darum enthält jedes wahre Gebet viel, was sich nicht in Worte fassen läßt.

Diesen Trieb zu hindern, ob wir uns nun veranlaßt fühlen, für uns selbst oder für andere zu beten, hieße, den Heiligen Geist zu betrüben und gegen die göttliche Ordnung zu sündigen. Gebetslosigkeit ist nicht nur Anzeichen einer törichten und entarteten Natur, sondern ist schon an und für sich Sünde und muß als solche erkannt und bekannt werden. Wenn wir durch Jesu Blut wieder Fühlung mit Gott gewonnen haben, wird das Gebet so natürlich und ungezwungen aus unserem Herzen strömen wie eine Quelle, die »von den ewigen Hügeln gespeist« wird.

Die Erde gibt in aufsteigenden Wasserdünsten dem Himmel zurück, was sie von ihm an Regen empfangen hat; so opfern wir im Gebet Gott etwas, was wir von Ihm erhalten haben. Er hat uns zuerst geliebt und zu sich gezogen. Darum können wir beten und empfangen durch das Gebet neuen Segen. Das ist der heilige Kreislauf auf geistlichem Gebiet.

Samuel sah das Gebet als ein ihm verliehenes Pfund an; als Richter war er abgesetzt, aber Gott hatte ihm einmal die Nation anvertraut, um sie zu den höchsten Zielen zu führen. Es wäre nun Verrat gewesen, ihr nicht durch seine Gebete weiterzuhelfen. Mose hat sich auf den Berg Horeb zurückgezogen. Der Herr Jesus suchte die Einsamkeit der Hügel auf, die das Galiläische Meer umgeben. So können wir uns auch Samuel denken, wie er im Verborgenen sein Herz vor Gott »mit starkem Geschrei und Tränen ausgeschüttet hat« für seine Brüder, die seine »Freunde nach dem Fleisch waren, die da von Israel waren, welchen die Kindschaft und die Herrlichkeit und der Bund und das Gesetz und der Gottesdienst und die Verheißung gehören«. Große »Schmerzen und Traurigkeit ohne Unterlaß« mögen ihn erfüllt haben, wie Paulus von sich aussagt; das Herz wollte ihm schier brechen, wenn die Philister immer von neuem in das Land einfielen und Israel unterjochten; daß Saul in seinem späteren Leben so wenig seinen Erwartungen entsprach, trieb ihn nur um so mehr ins Gebet mit dem Flehen, daß Gott sich über König und Volk erbarmen möchte, und der Sieg, von dem Kapitel 13 erzählt, kann nur eine Erhöhung seiner Fürbitte gewesen sein.

Welch ein Vorbild für uns! Die eine Frage, auf die es heutzutage ankommt, ist: Dürfen wir mit Wirkungen des Heiligen Geistes rechnen? Und die Antwort hängt ganz und gar von einer zweiten Frage ab: »Ist es möglich, die ganze Gemeinde zum Beten zu bringen? Trifft diese Frage jemand ins Herz? Ihr Christen, betet und fleht, bis es zum Himmel dringt, daß Gott hören und große Dinge tun möge, wie Er sie getan hat in den Zeiten unserer Väter.

XV.
Sauls Fall

(1. Samuel 13, 13. 14)

HERR, ich glaube,
Treibt die Segel günst'ger Wind,
Wiegt die See den Kahn gelind;
Aber schreckt im Sturmgeschnaube
Well' um Welle, Riff um Riff,
Und der Meister schläft im Schiff,
Hilf mir, daß ich stärker glaube!

R. Kögel

Ein Trauerspiel enthält dies Kapitel — die Geschichte von Sauls Fall. Hätte er die ihm auferlegte Probe bestanden, so wäre er nicht nur der erste König gewesen, den das auserwählte Volk je gehabt, sondern auch der Stammvater eines Herrschergeschlechts, und die ganze Geschichte Israels hätte anders verlaufen können. Aber trotz des so verheißungsvollen Anfangs der neuen Regierung fehlte es ihr an Beständigkeit und Festigkeit, zwei ganz notwendige Bestandteile, wenn sie die Schutzwehr gegen die äußeren Feinde bilden und den Krebsschaden der inneren Zersetzung und Fäulnis bekämpfen wollte.

Wir wollen diese Geschichte nicht nur deshalb betrachten, weil sie von Gottes irdischem Volk handelt, sondern weil für uns heute so manche heilsame Lehre daraus zu ziehen ist. Als Samuel Saul das Urteil der Absetzung verkündet, sagt er: »Der HERR hat sich einen Mann gesucht nach Seinem Herzen.« Daraus geht doch klar hervor, daß Saul nicht mehr ein Mann nach Gottes Herzen war. Wir wollen genau ergründen, warum es so gekommen ist, damit wir die Klippen vermeiden können, an denen Sauls Lebensschiff scheiterte.

Dieses Kapitel, das uns den Untergang eines Mannes erzählt, der zu den besten Hoffnungen berechtigte, schildert auch das entsetzliche Elend, in das das gelobte Land durch erneute Einfälle der Philister geraten war. Wir lesen da, daß sich die Männer Israels in Höhlen und Klüften, in Felsen und Löcher verkrochen. Ja, manche flohen sogar über den Jordan und ließen das Vaterland in der Stunde der Not im Stich, und die wenigen Getreuen, die sich um Saul und Jonathan scharten, folgten ihnen mit Angst und Zittern (V. 7). Ein Geist der Furcht hatte das ganze Volk ergriffen, und es schien ebenso unmöglich, ein Heer gegen die Philister aufzustellen, wie eine Herde Schafe zum Stehen vor dem Wolf zu bewegen.

Die Philister waren in ungeheuren Massen herbeigezogen, um in Israel die Bewegung zu Gunsten einer unabhängigen, nationalen Regierung zu ersticken, von welcher Sauls Krönung und Jonathans Heldentaten deutlich Zeugnis ablegten (V. 3). Man hört, wie ein fassungsloser Bote Saul das Herannahen der Feinde meldet und vor Angst zitternd ihre Zahl angibt, »so viel, wie Sand am Ufer des Meeres«.

Einen weiteren Blick in das Elend Israels läßt uns Vers 19 tun. Im ganzen Land war kein Schmied, und die Leute mußten alle Ackergeräte und Werkzeuge, die zu schärfen und auszubessern waren, nach Philistäa bringen; beispielloser Jammer herrschte im Land, und dumpfe Verzweiflung hatte sich des Königs und seiner Untertanen bemächtigt.

Es mag um diese Zeit gewesen sein, daß Saul sein Heer — wenn man den verzagten Haufen so nennen darf — aus Michmas zurückzog und seinen Standort nach Gilgal verlegte. Dort in der Ebene, und deshalb so recht den Angriffen der Philisterhorden ausgesetzt, scheint er sein Lager aufgeschlagen zu haben, während sein tapferer Sohn Jonathan Wachtposten in unmittelbarer Nähe des Feindes bezog.

Die Schar der Getreuen um Saul verringerte sich täglich; hier stahl sich ein Flüchtling über den Jordan, dort verkroch sich ein Feigling in die Felsenklüfte. Warum, fragst du, raffte sich der König nicht zu einer verzweifelten Tat auf und griff die Übermacht an? Warum sah er untätig zu, wie sein Heer vor seinen Augen zusammenschmolz? Um das zu verstehen, müssen wir einige Jahre zurückgehen. In jener bedeutsamen Morgenstunde, als Samuel Saul zum König salbte, hatte er ihm gesagt, daß zu Gilgal eine Gehorsamsprobe auf ihn warte; jetzt war der Zeitpunkt eingetreten. »Du sollst aber vor mir hinabgehen nach Gilgal; da will ich zu dir hinabkommen, zu opfern Brandopfer und Dankopfer. Sieben Tage sollst du harren, bis ich zu dir komme und dir kundtue, was du tun sollst (Kap. 10,8).

I. Sauls Irrtum. Um diesem Befehl gehorsam zu sein, der ihm vor drei Jahren an der Schwelle seiner aussichtvollen Laufbahn gegeben worden war, mußte der junge Monarch zu zwei Dingen bereit sein, jedes ein Prüfstein. Erstens durfte er nur Gottes Vizeregent sein wollen, kein absoluter Herrscher, der eigene Politik trieb und nach eigenem Gutdünken handelte, sondern nur Gottes Knecht, der den Marschbefehl seines Lebens aus dem Munde des Propheten erhielt. Er sollte eben kein Selbstherrscher sein, sondern nur ein bevollmächtigter Gesandter des allmächtigen Königs im Himmel.

Zweitens mußte er seiner heißblütigen Natur Zügel anlegen und sich in straffer Zucht halten.

Tag auf Tag wartet nun Saul in Erinnerung an diesen Befehl. Kannst du dir nicht vorstellen, wie seine Ratgeber und Krieger sich um ihn sammeln und ihn drängen, doch irgend etwas zu unternehmen? Sie zeigen auf die Heere der Philister, die sich bei Michmas wie eine Gewitterwolke zusammenziehen; sie sagen ihm, daß sein väterlicher Stammsitz von den Feinden verschlungen werden wird, wenn er nicht dagegen einschreitet; sie machen ihn auf sein zusammengeschrumpftes Gefolge aufmerksam und rufen: »Ermanne dich, handle, handle! Lieber von Philisterhand sterben, als ruhig zusehen, wie sie sich auf uns stürzen, wie ein Habicht auf eine wehrlose Taube.«

Und trotz alledem wartet Saul weiter. »Da wartete er sieben Tage auf die von Samuel bestimmte Zeit; und da Samuel nicht nach Gilgal kam, zerstreute sich das Volk.« Als aber die von Samuel bestimmte Zeit knapp abgelaufen ist, da reißt ihm der Geduldsfaden; er denkt, Samuel habe die Verabredung vergessen, oder er sei auf der Reise, die ihn durch das vom Feind besetzte Gebiet führt, aufgegriffen worden, »nun kommt er nicht mehr«.

O armer Saul, hättest du doch nur noch eine halbe Stunde gewartet — denn ein Brand- und Speisopfer darzubringen, kann nicht viel länger gedauert haben — ehe du alles verdirbst und deiner Ungeduld die Zügel schießen läßt. »Bringt mir her Brandopfer und Dankopfer.« So ertönt dein verhängnisvoller Befehl. »Als er aber das Brandopfer vollendet hatte, siehe, da kam Samuel.«

Steht denn kein Wachtposten auf hohem Felsvorsprung, der ins Tal hinabschaut, den alten Propheten in der Ferne erspäht und den Ruf ertönen läßt: »Samuel kommt!«? Kein solcher Ruf warnt den König; nur sein eigenes Herz klopft unruhig, und sein Gewissen mahnt ihn, von seinem Vorhaben abzustehen. Saul vertraut Gott nicht völlig, daß Er Seine Hand nicht abziehen wird, daß Er nichts versäumen noch betrügen wird. Ja, um die äußere Form ist er sehr besorgt; aber mit der Treue, dem Gehorsam und dem Glauben ist es nur schwach bestellt. Es ist vorauszusehen, daß seine Nachkommen ebenso sein werden, Israel zum Schaden; darum darf sein Reich nicht weiter bestehen.

Mit überwältigender Macht drängt sich uns die Lehre auf, daß Menschen nach Gottes Herzen nur solche sind, die Ihm völlig — man möchte sagen: blind — gehorsam sind; die bis zum äußersten Moment auf Ihn warten, die den Mut haben, inmitten einer immer kleiner werdenden Zahl von Anhängern auszuhalten, und drohendem Unheil gegenüber still zu stehen, einfach, weil sie vom himmlischen Feldherrn noch keine Marschorder bekommen haben. Aber zur rechten Stunde und Minute wird dieser Befehl schon kommen.

Wer könnte sich nicht an Stunden und Augenblicke in Seinem Leben entsinnen, wo man nicht wußte, was tun? Eine innere Stimme, sehr leise und sanft, aber sehr eindringlich, mahnte zum Warten und Vertrauen. Aber laute und aufdringliche Stimmen drängten daneben zum Handeln, und die leise Glaubensstimme, die zum Gehorsam riet, wurde übertönt. Da wurde das unwiderrufliche Wort gesprochen, der nie wieder gut zu machende Schritt getan, und es wurde offenbar, wie schwach und unzulänglich unsere besten Vorsätze sind. Als alles geschehen war, »ist unser Samuel gekommen«; o was haben wir uns da für Vorwürfe gemacht und gesagt: »O wenn ich nur geahnt hätte, daß Gott so nahe war, hätte ich das doch nicht getan! Wehe mir, warum konnte ich nicht warten!« Samuel kommt immer, aber er kommt erst im letzten Moment, und es ist sehr, sehr schwer zu warten, bis er da ist. »Meister, Meister, wir verderben!« Da stand Er auf und bedrohte den Wind und die Wogen des Wassers... Er sprach aber zu ihnen: »Wo ist euer Glaube?«

Man wird sehr müde vom Warten, und es scheint, als ob Gott sehr langsam handele. O du kurzsichtiger Mensch, kannst du Gott richten? Sein Vorhaben beschreibt eine über allen menschlichen Verstand erhabene Bahn; ein Tag ist vor Ihm wie tausend Jahre, aber Er kommt; Er kommt so sicher, wie der Morgen nach der

Nacht, der Frühling nach dem Winter, das tausendjährige Reich nach dem Elend dieser Zeit. »Denn Er wird hervorbrechen wie die schöne Morgenröte, und wird zu uns kommen wie ein Regen, wie ein Spätregen, der das Land feuchtet« (Hosea 6,3).

II. Eine unaufrichtige Entschuldigung. Was antwortet Saul auf Samuels vorwurfsvolle Frage: »Was hast du gemacht?« »Du kamst nicht zur bestimmten Zeit... Da sprach ich: Nun werden die Philister zu mir herabkommen nach Gilgal, und ich habe das Angesicht des HERRN nicht erbeten, da wagte ich es (die Elberfelder Übersetzung sagt: 'Ich überwand mich') und opferte Brandopfer.« Das ist doch wohl kaum ganz ehrlich; er sagt damit doch eigentlich: »Ich habe nur den Verhältnissen gehorcht, ich habe mich dazu zwingen müssen. Ich wollte es gar nicht tun und habe sehr damit gezögert, aber ich konnte mir schließlich nicht anders helfen, denn die Philister rückten immer näher. Der Herrscherstab wäre ja meiner Hand entrissen worden, ich konnte angesichts des drohenden Unheils nicht anders handeln.«

Was sagte einst Aaron zu seiner Entschuldigung, als er das Volk zügellos gemacht hatte zum Gespött unter ihren Widersachern? »Ich sprach zu ihnen: Wer hat Gold? Sie rissen es sich ab und gaben es mir, und ich warf es ins Feuer, und dieses Kalb ging hervor.« (2. Mose 32,24. Elberf. Übers.)

So machen wir es alle. Wenn das voreilige Wort unserem Mund entfahren und die eigenwillige Tat geschehen ist, wodurch der Bau unseres Lebens über uns zusammenfällt, oder in den Flammen unserer Torheit aufgeht, dann sagen wir: »Die Verhältnisse haben mich dazu gebracht, ich mußte eben so handeln; ich mußte mich dazu zwingen, aber die Umstände waren stärker als ich.«

O Menschenseele, laß dich nicht betrügen! Du bist größer als die Verhältnisse, größer als die Geschöpfe, größer als der Haufe zweifelhafter Ratgeber; du sollst ja ein König von Gottes Gnaden sein, sollst herrschen und nicht beherrscht werden; sollst Gott allein gehorchen und dich von niemand unterkriegen lassen. Raffe dich auf, damit nicht auch dich das Urteil trifft: »Dein Reich wird nicht bestehen.«

III. »Der HERR hat sich einen Mann gesucht nach Seinem Herzen«, darin gipfelt Samuels Entgegnung auf Sauls Entschuldigungen. Im Hause Isais wuchs ein Knabe heran, der Glauben halten konnte und nicht ängstlich eilen würde (Jes. 28,16. Elberf. Übers.).

Höre, was dieser Mann nach Gottes Herzen in späteren Jahren sagt: »Ich harrte des HERRN, und Er neigte sich zu mir und hörte mein Schreien; und zog mich aus der grausamen Grube und aus dem Schlamm und stellte meine Füße auf einen Fels, daß ich gewiß treten kann« (Psalm 40,1.2).

Harre, harre des HERRN! Stille dein Herz; beruhige die fiebernden Pulse; laß die hochgehenden Wogen der Erregung sich legen. Du mußt jetzt handeln? Ach, dann machst du alle deine Aussichten zuschanden, vereitelst Gottes Absichten mit dir und bringst Steine ins Rollen, die niemand aufhalten kann. Warte auf Gott, stehe fest, und sieh zu, was für ein Heil der HERR heute an dir tun wird. Der HERR wird für dich streiten, und du wirst still sein. Siehe, da kommt Sein Bote schon den Weg herauf; er geht nicht ganz so schnell, wie man es sich wünscht, aber er ist auf die Minute da — keine zu früh, aber auch keine zu spät. Gottes Bote kommt erst, wenn Leib und Seele am Verschmachten sind, wenn deine Füße schon fast straucheln, dein Tritt beinahe gleitet und die Hoffnung im Verlöschen ist. »Der HERR ist nahe!« O meine Seele, harre auf Gott. Er wird nicht später kommen — aber auch keinen Augenblick früher — als die »bestimmte Zeit«.

Und wenn Er kommt, dann wird unser Mund voll Lachens und unsere Zunge voll Rühmens sein. Dann werden wir aus unserer Tränensaat Freudengarben ernten, statt düsterer Wolken wird eine lachende Sonne am Himmel stehen, und in seligem, überströmendem Glück werden wir der Schande und der Schmach der Vergangenheit nicht mehr gedenken.

HERR, mein Gott, ich kann's nicht fassen,
Was das wird für Wonne sein!

XVI.
Heldenmut

(1. Samuel 14)

Drum treu, nur treu in Seinem Dienste;
Und wissen wir nicht aus noch ein,
Der König wird uns nicht verlassen,
Er tritt ja selber für uns ein.

H. v. R.

Nur zwei junge Männer, aber ihr Herz ist voll Gottvertrauen und glühender Vaterlandsliebe — da können sie schon etwas ausrichten.

Jonathan war ein rechter Ritter Gottes und besaß Eigenschaften, die wir gewöhnt sind, als die edelsten Zierden des christlichen Rittertums anzusehen. Er war reinen Herzens, sprach die Wahrheit, schaffte den Unterdrückten Recht, hielt Treue und Freundschaft und war ein »Knecht Jesu Christi«, obwohl er Ihn nicht kannte. Sein Charakter bildet den hellen Hintergrund, von dem sich der seines Vaters nur um so dunkler abhebt.

Vom Jordanufer führt ein schönes Tal nach dem Hochland von Mittel-Palästina hinauf, die Straße nach dem Mittelländischen Meer bildend. Etwa drei Kilometer vor dem Ende des Engpasses steigen die Felsen beinahe senkrecht, und rücken so nahe aneinander, daß sie sich fast berühren; die wilden Ziegen können auf ihnen Fuß fassen, für Menschen sind sie fast unersteigbar; dazwischen zwängt sich ein schmaler Gebirgspfad. Der nördliche Zug, der in drei Spitzen ausläuft, hieß Bozez, was der Leuchtende bedeutet, denn den ganzen Tag bescheint ihn die glühende Sonne des Orients; der südliche hieß Senne oder der Strauch und liegt in immerwährendem Schatten. Auf erstgenanntem Gipfel lag Michmas, wo die Philister lagerten, während auf letzterem das kleine Dorf Geba lag, wohin Saul den Rest seines Heeres aus der Jordanebene gezogen hatte, um den Feind zu beobachten.

Wie lange die Heere auf diese Weise einander gegenübergelegen haben, läßt sich nicht mehr bestimmen; ebensowenig kann man sagen, was der endliche Ausgang gewesen wäre, wenn nicht Jonathan eingegriffen hätte, wovon wir im folgenden reden wollen.

I. Jonathan erfaßte den göttlichen Plan. Er konnte das Stilliegen und Nichtstun nicht länger ertragen. Die Schande Israels schnitt ihm ins Herz. Sein Glaube an Gott war unerschütterlich, und er wurde durch Gottes Geist zu einer Heldentat getrieben, die einen herrlichen Sieg zur Folge hatte. Daß Gott, der HERR, Sein Volk verlassen habe und von dem Alten Bund nichts mehr wissen wolle, das ist nach Jonathans Ansicht ausgeschlossen. Sollte der HERR etwas versprechen und nicht halten? War nicht Israel Sein erwähltes Erbteil, und konnte dieser Einfall der Philisterhorden Gottes Wille und Absicht sein? Nein, Gott wartete nur darauf, daß die Hand des Glaubens den Strom der allmächtigen Hilfe in Umlauf setzen sollte, und die Erlösung würde kommen.

Für solche Gedanken hatte Saul kein Verständnis; die große Vergangenheit redete für ihn keine Sprache. Der Jammer und die Not, die er täglich und stündlich sah, hatten seinen Mut gebrochen, und es fehlte ihm alle Kraft, sich emporzuraffen und die göttliche Verheißung der Hilfe zu ergreifen. Das Urteil, das Samuel über ihn ausgesprochen hatte, war der Stein vor des Grabes Tür und versperrte ihm den Ausgang aus Nacht und Verzweiflung.

Lieber Leser, verschmachten dir Leib und Seele bei dem Anblick der Riesensünden, die gegen das Wohl der Menschheit anstürmen, diese Philister von heute, deren Scharen immer anwachsen? Da sind, um nur einige zu nennen, der Alkohol- und Drogenmißbrauch, die Spielsucht, das Wetten, die Unsittlichkeit, die wahnwitzige Jagd nach Vergnügen und Lebensgenuß. Ja, das Herz kann einem entfallen, besonders wenn die modernen Welt-Apostel das noch alles als ungefährlich und erlaubt darstellen wollen. Da ist es von höchster Wichtigkeit, fortzublicken und das Auge auf den göttlichen Vorsatz zu richten, wie Er sich bewiesen hat in der Erlösung am Kreuz. Das Blut Jesu Christi kann nicht umsonst vergossen sein. Die Macht und Stärke unseres Gottes sind verpflichtet, die völlige Erlösung anzubieten, für die das Kreuz die Grundlage ist. Dazu ist erschienen der Sohn Gottes, daß Er die Werke des Teufels zerstöre, und Er wird nicht ermatten und nicht geknickt werden, bis Er das Recht auf Erden gegründet hat (Jes. 42,4. Elberf. Übers.), und bis Sein Vorsatz zustandegekommen ist. Wohl denen, die sich aus dem Elend dieser Zeit zum lebendigen Erfassen dieser ewigen Wahrheiten herausrufen lassen, und die sich in all ihrer Schwachheit dem Siegeszug Gottes anschließen.

II. Jonathan gab sich als Werkzeug hin. Gott wirkt immer durch Menschen; Er läßt uns an Seiner Arbeit teilnehmen, so daß der Strom göttlicher Gnade durch menschliche Kanäle fließt; Er schaut nach Seelen aus, die nicht nur immer empfangen wollen, sondern auch weitergeben. Solche werden erwählt, um der Welt die allmächtige Gotteskraft zu offenbaren. Sei nicht ungehorsam, der du den göttlichen Antrieb spürst.

Jonathan gehörte zu den glücklichen Seelen, die für Gottes Stimme so empfänglich sind wie das Auge für das Licht. Eines Tages begab es sich, »daß Jonathan, der Sohn Sauls, sprach zu seinem Knaben, der sein Waffenträger war: Komm, laß uns hinübergehen zum Lager der Philister, das da drüben ist«. Aus großer Bescheidenheit »sagte er es seinem Vater nicht«, und allem Anschein nach entschlüpften die beiden in frühester Morgenstunde, wo noch alles schlief. Das Herz des jungen Fürsten glühte vor heiliger Begeisterung. Ihm war eine Ahnung des göttlichen Vorsatzes aufgegangen. Höre, was er zu seinem Begleiter sagt: »Vielleicht wird der HERR etwas durch uns ausrichten; denn es ist dem HERRN nicht schwer, durch viel oder wenig zu helfen.«

Siehst du, lieber Leser, dieser kühne Mann setzt sein Vertrauen nicht auf sich selbst, sondern auf Gott; seine Seele harrt auf Gott, in Ihm ankert seine Hoffnung, von Seiner Gnade erwartet er große Dinge. Er will nur das Werkzeug sein, mit dem der große Meister etwas ausrichten soll. Weiter verlangt Gott nichts von uns; Er will sich gar nicht unserer Kraft bedienen, sondern unserer Schwachheit, die sich in äußerster Ohnmacht an Ihn anklammert. Er will gar nicht große Armeen haben, sondern nur einige auserwählte Rüstzeuge, die große Dinge von Ihm erwarten und auch große Dinge wagen. Es ist ein gewaltiger Irrtum zu glauben, daß der Allmächtige immer auf der Seite der Massen stehe; die ganze Geschichte liefert den Beweis, daß alle geistlichen Bewegungen, die neue Richtungen gegeben haben, durch das Hervortreten Gottes in einzelnen Menschen bewirkt worden sind; Menschen, die sich durchaus nicht immer durch besondere, großartige Gaben und Taten auszeichneten, sondern sich nur ganz der göttlichen Führung hingaben. Der Raum fehlt, wollte man sie alle aufführen, diese Helden; man denke aber nur an Luther, an August Hermann Francke und Georg Müller.

Junge Männer, die ihr diese Worte lest, ich werbe euch für den

Dienst des himmlischen Feldherrn; kommt, ergebt euch Ihm völlig. Ach, es gibt so viel, was Er ausrichten möchte; so viel Unrecht abzustellen, so viele grausame Ungerechtigkeiten abzuschaffen, so viele Feinde des inneren Friedens, so viele Ruhestörer zu vernichten; aber dazu muß Er Mittel und Werkzeuge haben, geheiligte Menschen, rein und keusch, treu und wahr, die von der Herrschaft des Fleisches erlöst sind und die sich Ihm ganz und gar zur Verfügung stellen. Es ist dabei ganz gleich, ob ihr so hochgeboren wie Jonathan seid, oder so niederer Herkunft wie sein Waffenträger — Gott wird durch euch Heil schaffen. Sauls Geist konnte sich zu solchen Höhen nicht erheben; solcher Glaube war ihm fremd. Darum konnte Gott auch nicht direkt zu ihm reden, sondern nur durch die Vermittlung eines Priesters (V. 19 u. 36). Er redete und handelte gerade so, als ob der Sieg allein von den Anstrengungen abhinge, die er und seine Anhänger machten, und durch das Verbot einer so einfachen und natürlichen Erquickung, wie wilder Honig, beeinträchtigte er die volle Wirkung des göttlichen Dazwischentretens. Wer kann glauben, daß Gott seine Hilfe davon abhängig macht, ob man etwas Honig ißt oder nicht! Saul beweist durch sein ganzes Verhalten und besonders durch dies törichte Verbot, daß er die Triebfeder zum Handeln seines Sohnes gar nicht erfaßt hat; die Gewißheit nämlich, daß Gott sich menschlicher Werkzeuge bedient, um göttliches Urteil an den räuberischen Horden zu vollstrecken.

III. Jonathan rechnete mit Gott, darum verließ Gott ihn nicht. Glaube, so heißt die Macht, durch welche wir eine ganze Reihe von Gesetzen und Kräften zu unserm Beistand herbeirufen, die ganz außerhalb der Begriffe gewöhnlicher Menschen liegt. Wie schon früher bemerkt, sie haben an ihrer Orgel nur zwei Tastenlagen, wir aber deren drei; sie benutzen immer nur die irdischen und verstandesmäßige, wir aber können noch die geistliche, ewige dazu ziehen. So können wir weit höhere Wirkungen erzielen, weil wir Kräfte herbeiziehen, die viel mächtiger sind als die gewöhnlichen. Hierin liegt das Geheimnis von Jonathans Erfolg.

Während die beiden jungen Leute die steilen Felsen hinaufklimmen, verabreden sie das Zeichen, das ihnen beweisen soll, daß sie sich in der Tat auf dem Gleis göttlichen Willens befinden. Wenn sich das Menschenherz zum ersten Mal auf den Glaubenspfad hinauswagt, dann verlangt es sehnlichst nach einem sicheren Anzeichen, daß es nicht etwa einem Irrlicht folgt, oder durch Feuer der Strandräuber auf die Klippen gelockt wird. Jonathans Wunsch wird gnädig erfüllt; höhnische Worte der vorgeschobenen feindlichen Posten begrüßen ihn und seinen Begleiter. Es wäre ja auch lächerlich zu glauben, daß diese Hebräer zu fürchten seien (V. 11), wenn sie auch die Felsen wie Gemsen erklettern können! »Siehe«, sprachen die Philister, »die Hebräer sind aus den Löchern gegangen, wo sie sich verkrochen hatten«; und die Männer am Lager antworteten Jonathan und seinem Waffenträger und sprachen: »Kommt herauf zu uns, so wollen wir es euch wohl lehren.«

Diese spöttische Aufforderung war das Zeichen, das den beiden tapferen Jünglingen die Gewißheit gab, daß Gott den Feind in ihre Hände gegeben hatte. Im Glauben eignet sich die Seele die göttliche Erhörung an. »Was wir bitten, werden wir von Ihm nehmen«; aber doch nur, wenn wir die eine wichtige, oft übersehene Bedingung erfüllen: »Alles, um was irgend ihr betet und bittet, glaubet, daß ihr's empfinget, und es wird euch werden.« (Mark. 11,24, Elberf. Übers. Anmerk.)

Wer mit Gott rechnet, kann nicht zuschanden werden. Als die beiden jungen Benjaminiten die Spitze des Berges erreicht haben, gebrauchen sie mit solchem Geschick ihre Schwerter, daß zwanzig Mann zu Boden sinken und ein Schrecken von Gott sich aller Philister bemächtigt. Sie wissen ja gar nicht, daß die zwei da ganz allein sind; allem Anschein nach sind sie nur die Vorläufer einer großen Schar entschlossener und verzweifelter Männer; die Feinde verlieren den Kopf, jeder glaubt, der andere habe sich gegen ihn verschworen. »Da ging eines jeglichen Schwert wider den andern, und es entstand ein sehr großes Getümmel.« Die Israeliten, die sich mit den Philistern verbündet hatten, oder wenigstens stillschweigend das feindliche Joch duldeten, erinnerten sich auch auf einmal ihrer Nationalität und wandten sich gegen ihre Unterdrücker. Als die Männer, die sich auf das Gebirge Ephraim verkrochen hatten, die wilde Flucht der Feinde erfuhren, stellten sie eine großartige Verfolgung an.

Von seinem Ausblick zu Gibea beobachtete Saul das wüste Getümmel, das Hin- und Herwogen der feindlichen Massen und die endliche Flucht. Da warf er sich mit seinen Streitern unverzüglich hinterher, und der Feind jagte Hals über Kopf das Tal hinunter, vorbei an Beth-Aven, vorbei an Ober- und Unter-Horon, immer der Grenze zu, bis gen Ajalon. Jede Stadt, welche die Flüchtlinge passierten, erhob sich zur Verfolgung, immer kleiner wurde die Zahl der Philister, ihr Blut tränkte das Land, das sie so grausam unterdrückt hatten. Das war Gottes Antwort auf Jonathans Glauben.

Die unsinnige Beschwörung des Königs, durch welche den Kriegern untersagt wurde, irgendetwas zu essen, hatte schreckliche Folgen. Erstens waren die Leute ganz erschöpft, und zweitens fielen sie halbverhungert wie wilde Tiere über die Beute her und aßen davon mit dem Blut; und es kam noch schlimmer: Als Saul am Abend Gottes Rat einholen wollte, erhielt er keine Antwort. Aber er suchte auch nicht da, wo sie sicher zu finden war, in seinem eigenen Herzen nämlich, sondern, wie wir es alle gern tun, bei anderen Menschen. Schließlich, durch das Los getroffen, standen er und Jonathan als die Schuldigen vor dem Volk, und in seinem verblendeten Zorn wollte Saul seinen Sohn opfern. Aber das Volk litt es nicht. Es rief empört: »Sollte Jonathan sterben, der ein so großes Heil in Israel getan hat? Das sei ferne! So wahr der HERR lebt, es soll kein Haar von seinem Haupte auf die Erde fallen; denn Gott hat heute durch ihn gehandelt.«

Ja, der Grund, weshalb Gott sich in Schweigen hüllte, war bei diesen beiden Männern zu suchen; aber Saul trug die Schuld. Er hatte nicht nur die große Gelegenheit seines Lebens verpaßt, sondern er fing bereits an, sich in die finsteren Nebel des Unglaubens, der Eifersucht und üblen Laune zu hüllen, die seine Sonne verdunkelten.

XVII.
Eigenwille

(1. Samuel 15, 26)

Gott macht dir keinen Schmerz; Er will ihn stillen.
Wo kommt er aber her? Vom Eigenwillen!
Lern' dieses Schmerzenskind beizeiten töten,
So reißt Er dich gewiß aus allen Nöten.

Am Ufer des Toten Meeres liegen viele mit Salz bekrustete Baumstämme. Das ist nicht ihre ursprüngliche Bestimmung; ihre Heimat ist fern in den galiläischen Bergen. Aber der Sturm hat sie entwurzelt, und haltlos sind sie vom starken Jordanstrom mit fortgerissen und an den Ort der Öde gespült worden. Da liegen sie nun starr und nutzlos, ein Bild von manchem Menschenleben, das Gott auch zu ganz andern Dingen bestimmt hatte, das aber von seinen Wurzeln losgelöst, vom Strom der Welt mit fortgeschwemmt, nun am Meere des Todes liegt. Saul ist ein hervorragendes Beispiel eines solchen verfehlten Lebens.

Man kann sich eines tiefen Bedauerns nicht erwehren, daß der vielversprechende Morgen seines Lebens sich so früh verdunkelte; daß er, der in der Fülle der Jugendkraft einstimmig zum Herrscher Israels erwählt worden war, weil man sich von ihm fürs Vaterland alles versprach, daß gerade er den auf ihn gesetzten Hoffnungen nicht entsprach, daß er aus seinem Dienst entlassen werden mußte und von dem großen Werkmeister als unbrauchbares Werkzeug verworfen wurde. Kapitel 15 erzählt uns seine völlige Verwerfung, die ja bereits angedroht war, sich aber jetzt erst erfüllte.

I. Der Prüfstein des göttlichen Befehls. »So ziehe nun hin, und schlage die Amalekiter, und verbanne sie mit allem, das sie haben. Schone ihrer nicht, sondern töte beide, Mann und Weib, Kinder und Säuglinge, Ochsen und Schafe, Kamele und Esel.«

Mehrere Jahre sind vergangen seit dem siegreichen Kampf gegen die Philister, den wir im vorigen Kapitel behandelten; es sind Jahre des Erfolges gewesen; die kleine Schar, die damals ihrem König mit Zittern und Zagen gefolgt war, ist zu einem geschulten Heer angewachsen, an dessen Spitze Abner, ein Onkel Sauls, steht.

Siegreiche Kriege im Osten gegen die Moabiter und Ammoniter, im Süden gegen die Edomiter und im Norden gegen die Könige Zobas, haben dem neuen Königreich nach außen Anerkennung verschafft; und auch innerhalb des Reiches hat Saul sich eine königliche Stellung errungen; er hat eine Leibwache von Läufern, er führt einen königlichen Tisch für sich, Jonathan und Abner, und sein Wille ist Gesetz geworden. Er kann sich jetzt mit Hofstaat und Heer mit den Königen der Grenzlande messen.

Um diese Zeit trat die große Probe seines Lebens an ihn heran, wie es so oft in den Zeiten des Glückes geschieht. In den schönen, warmen Sommertagen muß man sich am meisten vor Ansteckung und Fäulnis schützen, und gerade in Zeiten des Wohlergehens steht die Seele am häufigsten vor großen Proben, oft ohne die Bedeutung derselben zu erkennen. Sind dir besondere Leiden lange erspart geblieben, sind deine Verhältnisse geordnet, geht alles so, wie du es gerade wünschst? Sei auf der Hut! Wache! Denn zu einer Stunde, da du es nicht meinst, wird des Menschen Sohn kommen und von dir Rechenschaft fordern.

Die Probe, vor welche Gott Saul stellte, sollte ihm eine letzte Gelegenheit zur Korrektur bieten. Schon vor Jahren hatte Gott ihm durch Samuel sagen lassen, daß sein Reich nicht bestehen würde; aber das Urteil persönlicher Absetzung war noch nicht vollstreckt worden, und es hat den Anschein, als ob mit diesem Befehl ihm noch einmal die Möglichkeit geboten wird, vorige Fehler auszuwischen und die Stellung wiederzuerlangen, die ganz verscherzt zu sein schien.

Der göttliche Befehl fordert völlige Ausrottung der Amalekiter, denn das Wort »verbannen« ist derselbe Ausdruck, der so oft im Buch Josua vorkommt, wenn die Städte der Kanaaniter, die so voll Sünden und Schanden steckten, unter den Fluch der Vernichtung gestellt werden. In einer »verbannten« Stadt mußte alles Lebende, Männer, Frauen, Kinder und sogar das Vieh getötet werden; nur Metalle durften behalten werden, aber sie mußten durch Feuer gereinigt werden. (4. Mose 31, 21 usw.)

Seit Urzeiten bestand Feindschaft zwischen Amalek und Israel. »So spricht der HERR Zebaoth: Ich habe bedacht, was Amalek Israel tat, und wie er ihm den Weg verlegte, da es aus Ägypten zog.« Nach der großen Schlacht gegen die Amalekiter hatte Mose einen Altar errichtet, und ihn »der HERR Nissi« genannt, d.h.:

»Der HERR ist mein Panier«; denn er sprach: »Der HERR wird streiten wider Amalek« (2. Mose 17, 15.16). Jahrhunderte waren vergangen, und diese alte Drohung war noch nicht ausgeführt; nun auf einmal kam der Befehl: »Schlage die Amalekiter.«

Es scheint uns zuerst ganz unverständlich und schrecklich, daß Gott diese Tat von Saul verlangt, aber in Vers 18 werden die Amalekiter einfach »die Sünder« genannt; sie müssen es also in hervorragender Weise gewesen sein, und aus Vers 33 erfahren wir dann, daß Agags Schwert Mütter ihrer Kinder beraubt hatte. Die Amalekiter waren blutdürstige und grausame Räuber, die an der südlichen Grenze Palästinas wiederholt ins Land einfielen. Es war für die Sicherheit des auserwählten Volkes unbedingt geboten, daß diese Raubzüge aufhörten.

Auch die Amalekiter hatten vor Gottes urteilendem Blick gestanden, waren gewogen und zu leicht befunden worden, das Urteil war gefällt, und Saul sollte es vollziehen. Aber mache es dir nur ganz klar, mein Leser, daß Saul nur mit einem Schlag vollstrecken sollte, was sonst allmählich im Laufe der Zeit vor sich gegangen wäre, denn es ist ein unumstößliches Gesetz, daß, wenn ein Mensch oder ein Volk gegen die Gebote der Wahrheit, der Sittlichkeit und Gerechtigkeit verstößt, sofort der Verfall beginnt. Wären die Amalekiter auch niemals von Saul und seinem Heer besiegt worden, so wären sie doch durch die Laster, die am Mark des Volkes fraßen, mit der Zeit völlig verzehrt worden. Man sagt, daß Familien in den großen Städten, die von den Lastern, die dort im Schwange sind, angesteckt sind, in der fünften Generation aussterben, einfach, weil sie die Kraft zur Fortpflanzung verloren haben; und was von einzelnen Familien gilt, ist auch bei einem Volk der Fall. Darum können wir selbst in diesem göttlichen Befehl Gnade erkennen. Es war für Amalek und für die Nachbarvölker, die durch den allmählichen Verfall mit verseucht worden wären, viel besser, daß ein scharfer Schwerthieb des Richters seinem Leben ein Ende machte, als daß er langsam dahinsiechte.

II. Gehorsam mit Vorbehalt. »Aber Saul und das Volk schonte Agag«, so meldet Vers neun. Auf Sauls Aufruf versammelten sich 200000 Mann Fußvolk aus Israel und 10000 Mann aus Juda zu Thealim an der südlichen Grenze Palästinas, und von dort zogen sie nach der Hauptstadt der Amalekiter, die höchstwahrscheinlich südlich von Hebron lag. In einem trockenen Bachbett oder Wadi legten sie sich in den Hinterhalt; den Kenitern, einem friedlichen, den Israeliten wohlgesinnten Volk, gestatteten sie, sich in Sicherheit zu bringen, und dann griffen sie die Stadt an, erstürmten sie und erschlugen, was ihnen unter das Schwert kam; die Flüchtlinge verfolgten sie von Hevila bis Sur, der großen Mauer Ägyptens. Nur Agag, der König, und das beste Vieh wurde geschont, und möglicherweise sind einige Flüchtlinge entkommen. Das Land der Amalekiter war entvölkert, und die Stille des Todes lagerte darüber.

Siegestrunken kommt Saul zurück, errichtet in der Oase Karmel in der Nähe von Hebron ein Siegeszeichen, und geht dann nach der geheiligten Stätte Gilgal, um dem HERRN zu opfern und vielleicht auch, um die ungeheure Beute an Schafen, Rindern, Ziegen und Kamelen auszuteilen, welche in seine Hände gefallen und entgegen dem göttlichen Gebot verschont worden war. »Aber Saul und das Volk schonte Agag und was gute Schafe und Rinder waren, und der Lämmer und alles, was gut war, und wollten es nicht verbannen; was aber schnöde und untüchtig war, das verbannten sie.«

Ob dies Verschonen, soweit Saul in Betracht kommt, in Habgier wurzelte, oder ob er, wie er selbst gesteht (24), zu feige war, dem Volk entgegenzutreten und lieber seinen Wünschen nachgab, als der Stimme Gottes zu gehorchen, das ist nicht unbedingt festzustellen. Aber es fällt ein Schlaglicht auf die Sache durch ein Wort Samuels. »Warum bist du über die Beute hergefallen?« (Vers 19, Elberf. Übers.) Das ist derselbe Ausdruck, der im 14. Kapitel angewendet wird, wo uns erzählt wird, daß das Volk in seinem wütenden Hunger über die Beute herfiel und sie mit dem Blute aß. Gier und Habsucht hatten ihre Hand im Spiel und rissen alle Bollwerke der Grundsätze und Gewissensbedenken hinweg.

Welche Warnung für uns! Bis zu einem gewissen Punkt wollen wir alle gern gehorsam sein, — ich nehme das wenigstens an — aber sowie es sich um »das Beste« handelt, stoppen wir ab und wollen nicht mehr mitmachen. Es sind doch so liebe, gute Menschen, die uns bitten einzuhalten, wenn unser Isaak auf dem Altar liegt. Wir wollen ja recht gern opfern, was uns nicht ans Herz gewachsen ist, Geld z.B., aber unsere Kinder zum Dienst in der Mission und Diakonie — — ? Natürlich geben wir Laster und Schande auf, aber wie steht es mit dieser feinen Selbstsucht, jener

Nachsicht mit dem eigenen, lieben Ich? »Haut für Haut, und alles, was ein Mann hat, läßt er für sein Leben«, nur das laß ihm, und er wird gern alles andere drangeben. Auch die besten Menschen treffen gern ein Abkommen mit Gott und opfern Ihm alles, wenn sie nur »Agag und das Beste der Beute« für sich behalten dürfen.

Noch einen tieferen Sinn dürfen wir dieser Erzählung unterlegen. In der Bibel bedeutet Amalek »das Fleisch«; er ist ein Nachkomme Esaus, der um ein schmackhaft gekochtes Gericht seine Erstgeburt verkaufte. Das beste von Amalek verschonen, heißt Wurzeln des Übels, feine Genüsse, Lieblingssünden schonen. Agag bedeutet für uns jene böse, in uns allen schlummernde Neigung zum Schöntun mit uns selbst. Agag verschonen, ist dasselbe, wie uns selbst schonen, Vergehen beschönigen und uns unsere Lieblingssünde selbst verzeihen. Ist dies der Fall? Soll der Herr Jesus den Schlüssel zu jeder Kammer deines Herzens haben, bis auf die eine, wo dein Liebstes wohnt? Es ist ja etwas so unschuldiges, es wäre grausam, wenn du es aufgeben müßtest, alles, alles andere willst du gern drangeben, nur dies eine behalten. Ananias und Saphira behielten auch nur einen Teil des Erlöses vom verkauften Acker zurück und kamen um.

XVIII.
Ein Zwiegespräch

(1. Samuel 15, 12-35)

Der Teufel kommt mit seiner List,
Die Welt mit Pracht und Prangen,
Das Fleisch mit Wollust, wo du bist,
Zu fällen dich und fangen;
Streitst du nicht wie ein tapf'rer Held,
So bist du hin und schon gefällt.

J. Scheffler

In der Stille der Nacht kam das Wort des HERRN zu Samuel, und er erfuhr, daß Saul den Befehl des himmlischen Feldherrn nicht ausgeführt hatte. »Es reut Mich«, sprach der HERR, »daß Ich Saul zum König gemacht habe, denn er hat sich hinter Mir abgewendet, und Meine Worte nicht erfüllt.«

Gott verlangt unbedingten Gehorsam. Wenn wir den nicht leisten, so müssen wir eben die Folgen unserer verkehrten Handlungsweise tragen, ganz andere Folgen, als die ursprünglich von Gott gewollten. Das sieht dann so aus, als ob er anderer Meinung geworden wäre, oder, wie die Bibel sich ausdrückt, es Ihn »reute«; aber das scheint nur so; tatsächlich kann Gott nichts gereuen, und Er kann Seine Absichten nicht ändern. Der Mensch kann das Gelingen des göttlichen Vorhabens vereiteln, aber der allmächtige Werkmeister wird es doch auf andere Weise zuwege bringen. Wenn wir mit günstigem Wind dem Hafen zusegeln, so wird er uns an das gewünschte Ziel treiben; aber wir können auch plötzlich unsere Richtung ändern und ihm entgegensteuern, — dann ist unser Lebenskurs auf einmal ein ganz anderer geworden, und wir glauben, Gott ist anderen Sinnes geworden, und es liegt doch nur an uns; früher gingen wir mit Seinen Absichten Hand in Hand, jetzt sind wir ungehorsam und handeln direkt gegen sie.

Kommt Gott je zu dir in der Nacht, oder wenn alles ringsum still ist, und die Weltstimmen einmal alle schweigen, und teilt dir Seine Geheimnisse mit? Glücklich ist der zu preisen, den Gott Seines Vertrauens würdigt, den Er an Seinem Schmerz über die Sünden Seiner erwählten Knechte teilnehmen läßt, den Er aufruft, mit

Ihm zu wachen. »Wie kann ich Abraham verbergen, was Ich tue?«

Samuel war tief bewegt, — die Bibel sagt »zornig«; es war ein gerechter Zorn darüber, daß jemand, der mit so feierlichen Weihen eingeführt worden war, dessen Laufbahn so vielversprechend begonnen, der Israels Feinde besiegt hatte, so sein Ziel verfehlte. O ja, wer Gott liebt, muß im tiefsten Herzen erschüttert werden, wenn Gottes Vorhaben vereitelt und Seiner Gnade getrotzt wird; wenn er es mit ansehen muß, wie eine Tür, die Er vor einem erwählten Knecht weit aufgetan hat, damit er durch dieselbe auf ein neues Feld der Brauchbarkeit eingehe, durch Ungehorsam oder Nachlässigkeit geschlossen und verriegelt wird. »Samuel schrie zu dem HERRN die ganze Nacht.« O wieviel schulden wir dem göttlichen Freund und den irdischen Freunden, die sich selbst keine Ruhe gönnen und Gott keine Ruhe lassen, wenn sie merken, daß wir auf Abwege geraten. Das ist der größte Dienst, den ein Mensch dem anderen leisten kann. So lange Freunde und Verwandte für uns beten, und eher selbst von Christus verbannt sein möchten, als daß wir verloren gingen, so lange ist noch Hoffnung für uns da. (Röm. 9,3.) Wie mancher Sohn, der in Sünden und Schanden lebt, tröstet sich in stillen Stunden, oder wenn seine Laster ihn aufs Krankenbett geworfen haben mit dem Gedanken, daß in einsamer Kammer seine Mutter für ihn betet, und im Geheimen hofft er, daß ihre Gebete ihn von den Leidenschaften, die ihn hin und her treiben, erlösen werden.

Samuel macht sich nun auf den Weg, um Saul zu finden, folgt ihm von Karmel, der Stätte des Siegesdenkmals, nach Gilgal, wo einer Lesart zufolge Saul Gott Opfer darbrachte, und dort entspinnt sich ein wunderbares Zwiegespräch zwischen den beiden.

Saul. — Die Unterredung wird durch den König eingeleitet, der, als er den Propheten bemerkt, ihm mit den salbungsvollen Worten entgegengeht: »Gesegnet seist du dem HERRN«; und dann mit großer Selbstgefälligkeit fortfährt: »Ich habe des HERRN Wort erfüllt.« Ob Saul wirklich ganz verblendet ist und in der Tat keine Ahnung hat, wie tief er gefallen ist, — denn soviel steht fest, Ungehorsam macht blind, — oder ob er seine Handlungsweise nur bemänteln will, und sich den Anstrich eines gehorsamen Sohnes gibt, um den Propheten zu täuschen, das mag dahingestellt bleiben. Aber so viel ist gewiß, der Segensgruß aus seinem Mund und in diesem Moment hat einen üblen Klang. Wir werden an gewisse

Menschen erinnert, die mit frommen Redensarten um sich werfen, um leichtgläubige Seelen sicher zu machen, die sie dann im Geschäfts- und Erwerbsleben unter dieser Flagge um so sicherer betrügen. So etwas ist schändlich. Es ist die Sünde eines Judas, der seinen HERRN mit einem Kuß verrät. Besser ein offener Feind im Gesicht, als einer hinterm Rücken; besser die Pfeile, die des Tages fliegen, als die Pest, die im Finstern schleicht.

Samuel. — In diesem Augenblick fangen die Ochsen zu brüllen und die Schafe zu blöken an, und der Prophet hört es. Es trifft sich zuweilen recht unglücklich, daß gerade, wenn jemand seine Frömmigkeit beteuert und seine eigenen Vorzüge anpreist, ein ganz unvorhergesehener Zufall — z.B. das Brüllen von Rindern, oder unter anderen Umständen eine aus der Tasche hervorragende Schnapsflasche — seine Worte Lügen straft. Mit trauriger Ironie antwortet denn auch Samuel: »Was ist denn das für ein Blöken der Schafe in meinen Ohren und ein Brüllen von Rindern, die ich höre?«

Saul: — »Von den Amalekitern haben sie sie gebracht; denn das Volk verschonte die besten Schafe und Rinder, um des Opfers willen des HERRN, deines Gottes; das andere haben wir verbannt.« Saul, Saul, ist das ganz aufrichtig? Du sagst, **sie** haben gebracht, und das **Volk** verschonte; bist du gar nicht daran beteiligt? Und zu Samuel sagst du, der HERR, **dein** Gott, — willst du ihn damit etwa ködern? Es ist sehr feige und ganz und gar nicht ritterlich, die Schuld auf andere zu schieben, und der Prophet läßt die Entschuldigung auch nicht gelten.

Samuel. — Saul würde wahrscheinlich noch weiter reden, aber Samuel fällt ihm ins Wort und sagt: »Laß dir sagen, was der HERR mit mir geredet hat diese Nacht«; und nun führt er ihm die ganze Vergangenheit vor Augen; er erinnert ihn an seine niedere Herkunft, wie er gezögert hat, die verantwortliche Stellung zu übernehmen, zu der Gott ihn berufen; er ruft ihm seine Salbung ins Gedächtnis zurück, und daß der allmächtige Herrscher Israels ihm die Regentschaft übertragen habe und verlangt, er solle als Sein Bevollmächtiger handeln. Nun ist ihm ein bestimmter Auftrag geworden, die Verantwortung dafür trägt nicht er, der nur der ausführende Teil ist, sondern der göttliche Befehlshaber, der ihn gegeben hat. — Trotz allem hat Saul sich von seiner Habgier bestimmen und zum Ungehorsam fortreißen lassen; er ist über die

Kriegsbeute hergefallen, wie ein hungriger Löwe über seinen Raub, und hat Übel vor dem HERRN getan.

Saul. — Der König wiederholt seine erbärmliche Entschuldigung: »Habe ich doch der Stimme des HERRN gehorcht, und bin hingezogen des Weges, den mich der HERR sandte; und habe Agag, der Amalekiter König, gebracht und die Amalekiter verbannt; aber das Volk hat des Raubes genommen, Schafe und Rinder, das Beste unter dem Verbannten, dem HERRN, deinem Gott zu opfern in Gilgal.« Es ist, als ob er sagt: »Du beurteilst mich falsch; wenn du nur ein bißchen warten wolltest, würdest du schon sehen, worauf mein scheinbarer Ungehorsam zielt.« Er mag sich selbst eingeredet haben, daß er wirklich die Beute zum Zweck des Opfers geweiht hatte, als er Gilgal erreichte, aber er entschloß sich erst in dem Augenblick dazu, als er vor dem Propheten stand, um sich aus der heiklen Lage zu ziehen.

Samuel. — Als Antwort auf Sauls Rede tut der Prophet einen Ausspruch, der zu den erhabensten Wahrheiten gehört, die die ersten Bücher der Bibel enthalten; eine Wahrheit, welche die Grundlage bildet von vielem, was in späteren Jahrhunderten und in verschiedener Form die Propheten sagen, eine Wahrheit, auf die auch unser Heiland zurückgreift (Matth. 9,13): »Meinst du, daß der HERR Lust habe am Opfer und Brandopfer, als am Gehorsam der Stimme des HERRN? Siehe, Gehorsam ist besser denn Opfer, und Aufmerken besser, denn das Fett von Widdern.« Was Saul ihm auch über seine Absichten zu opfern einreden wollte, es lag doch klar auf der Hand, daß er bis zu diesem Augenblick sich in direktem Widerstand gegen Gottes Befehl befand; seine ganze Herzensstellung war falsch, denn er wollte Gott zum Trotz seinen Willen durchsetzen.

Und nun läßt Samuel alle Rücksichten fallen und entrollt vor Saul die ganze Verdammlichkeit seiner Sünde. »Ungehorsam ist eine Zaubereisünde, und Widerstreben ist Abgötterei und Götzendienst.« Furchtbare Sünden, von allen guten Menschen gemieden und verabscheut, aber Gott macht keinen Unterschied zwischen ihnen und der Schuld, die der König auf sich geladen hat. Ihm gegenüberstehend heftet der Prophet sein durchdringendes Auge voll auf ihn und spricht das Urteil der Absetzung aus: »Weil du nun des HERRN Wort verworfen hast, hat Er dich auch verworfen, daß du nicht König seiest.«

Saul. — Da erkennt der unglückliche König den Abgrund, an dessen Rand er steht; ein Schrei entringt sich seiner Brust; — aber es ist nicht der eines reuigen Sünders, sondern der eines in die Enge getriebenen Flüchtlings; er erkennt nicht die Größe seiner Sünde, er sieht nur ihre Folgen. Auf alle Fälle möchte er die Krone auf seinem Haupt retten und das Zepter in der Hand behalten; um jeden Preis muß er den Propheten versöhnen, sonst würden am Ende die Ältesten des Volkes von ihm abfallen: »Ich habe gesündigt«, ruft er, »daß ich des HERRN Befehl und deine Worte übergangen habe; denn ich fürchtete das Volk und gehorchte ihrer Stimme; und nun vergib mir die Sünde, und kehre mit mir um, daß ich den HERRN anbete.«

Es ist ein gewaltiger Unterschied, wie einer die Worte sagt: »Ich habe gesündigt.« Der verlorene Sohn sprach sie bebend, nicht weil er sich vor Strafe fürchtete, sondern weil er, sowie er das geliebte Antlitz seines Vaters und die Tränen in seinen Augen sah, die ganze Ungeheuerlichkeit seiner Schuld erkannte. Saul schaute nur die Folgen der Sünde, und um die Strafe abzuwenden, spricht er zu Samuel, als ob dieser die Vollmacht habe, zu binden und zu lösen: »Vergib mir die Sünde.«

Der erfahrene Prophet durchschaut die Hinterlist; er sieht, daß Saul es nicht aufrichtig meint und wendet sich zum Gehen. Da packt Saul Verzweiflung; er springt vor, und in der Angst, zugleich seinen besten Freund und die Achtung des Volkes zu verlieren, faßt er Samuels Mantel, um den scheidenden Propheten zurückzuhalten; da reißt der Mantel! Samuel fühlt den Riß und sagt daran anknüpfend: »Der HERR hat das Königreich Israel heute von dir gerissen und deinem Nächsten gegeben, der besser ist als du«, und auf Sauls vergebliche Bemühungen, das Urteil umzustoßen, hinweisend, fügt er hinzu: »Auch lügt der Held in Israel nicht und gereut ihn nicht; denn er ist nicht ein Mensch, daß Ihn etwas gereuen sollte. Das Wort ist aus Seinem Munde hervorgegangen und kann nicht zurückgenommen werden; du kannst das Urteil nicht ändern, obwohl du mit Tränen danach trachtest.«

Hätte Saul sich Gott noch in aufrichtiger Buße zu Füßen geworfen, so wäre er angenommen worden und hätte Vergebung erlangt. Die Königskrone hätte er vielleicht eingebüßt, aber als Mensch wäre ihm verziehen worden. Aber es gibt Momente im Leben — unwiederbringliche Momente —, wo wir einen Schritt tun, der nicht mehr rückgängig zu machen ist, eine Stellung einnehmen, aus der wir nicht mehr zurück können; wo wir Folgen auf uns herabziehen, die unabwendbar sind.

Saul. — Der König wiederholt das Bekenntnis: »Ich habe gesündigt«; aber seine wahre Herzensmeinung offenbart sich in den folgenden Worten: »Aber ehre mich doch jetzt vor den Ältesten meines Volkes und vor Israel, und kehre mit mir um, daß ich den HERRN, deinen Gott anbete.« Ach, Saul, du denkst nur daran, dich mit dem Volk gut zu stellen und bist zu jedem Sündenbekenntnis bereit, wenn du dadurch Samuel bewegen kannst, dich nicht öffentlich bloßzustellen.

Schließlich läßt Samuel sich bewegen zu bleiben, denn es wäre ja schlimm, wenn wirklich die Ältesten abfielen, das Volk allgemein die Absetzung erführe, und dadurch das Reich ins Schwanken käme, ehe ein neuer König bereit wäre, den leeren Thron einzunehmen. Der Prophet bleibt, und er und Saul knien vor Gott; aber welch ein Gegensatz! Hier dunkle Nacht, — dort heller Tag; hier der Verstoßene, dort der erwählte Knecht.

Schließlich fordert der greise Prophet Agag, den König der Amalekiter, vor sich; und er kommt »getrost«, in der Hoffnung, daß sein Leben geschont werden wird, mit den Worten: »Also muß man des Todes Bitterkeit vertreiben.« Da ergreift Samuel in einem Anfall gerechten Zorns ein Schwert, das in seiner Nähe liegt, und zerhaut Agag in Stücke vor dem HERRN, — das ist ein Sinnbild des heiligen Eifers, der dem Fleisch keinen Pardon gewährt. »Treibt nicht Vorsorge für das Fleisch zur Erfüllung seiner Lüste.« (Röm. 13,14. Elberf. Übers.) Amalek darf nicht geschont werden.

Möge Gott uns helfen, uns recht in den tiefen Sinn dieser traurigen Geschichte zu versenken. Wenn Gott, unser Vater, uns vor eine Probe stellt, laßt uns Ihm gehorchen, es koste, was es wolle. Alles hängt vom unbedingten Gehorsam ab; wer nicht gehorchen kann, kann auch nicht befehlen; wenn du nicht folgsam bist, kannst du kein Werkzeug in Gottes Hand sein; wenn der Meißel schartig ist, kann der Bildhauer ihn nicht gebrauchen. Lasset uns vorsichtig und weise wandeln und jede Gelegenheit auskaufen, damit Gott uns recht gebrauchen kann, und damit wir ja nicht »verwerflich« werden.

XIX.
Ein böser Geist vom HERRN

(1. Samuel 16, 13. 14)

Noch Einer wallt auf Juda's Triften,
Der ist ein Held, Ihn ruft herein;
Zwar klirrt kein Schwert an Seinen Hüften,
Noch glänzt kein Kleid von Edelstein;
Er gleicht nicht jenen stolzen Recken,
Der gute Hirt von Bethlehem,
Sein Zepter ist ein Schäferstecken,
Ein Dornenkranz Sein Diadem.

Ihm huldigt in der tiefsten Seele
Der Geist und spricht: Wer ist wie Du?
Ihn führt, gesalbt mit heil'gem Öle,
Gott Seinem Volk als Hirten zu;
Er ist der ew'ge Geisterkönig,
Auf Gnad' und Wahrheit ruht Sein Thron,
Und Erd' und Himmel tausendtönig
Jauchzt: Hosianna, Davids Sohn!

Gerok

Hervorragende Künstler und Dichter bedienen sich gern des Kontrastes, um die Wirkung ihrer Werke zu erhöhen; der Maler z.B. wählt einen dunklen Hintergrund, um darauf einen hellen Gegenstand um so leuchtender hervortreten zu lassen. Die Bibel wendet dies Verfahren auf meisterhafte Weise an. Da ist das erste Kapitel; wüst und leer ist die Erde, und Finsternis lagert auf der Tiefe, und über dieser Finsternis geht plötzlich das Licht auf, und aus dem wüsten Chaos geht eine Schöpfung von Ordnung und Schönheit hervor. Und am Schluß des großartigen Buches haben wir wieder die Gegensätze. Gewaltige Stürme und furchtbare Gerichte vernichten Welt und Völker, aber darüber ist der Himmel offen; hebt nur eure Häupter auf, und blickt hinein, wo die weißgekleideten Scharen sind, die mit Kronen auf dem Haupt und Siegespalmen in der Hand das neue Lied singen. Auf der Erde das abgefallene Babylon, droben die Braut des Lammes, das himmlische Jerusalem, zubereitet als eine geschmückte Braut ihrem Manne.

Auch in der Geschichte, die wir behandeln, welche Gegensätze! In den ersten Kapiteln der Hintergrund der ungeordneten Verhältnisse der Richterzeit und das schändliche Benehmen von Eli's Söhnen, — dagegen die Gestalt des kleinen betenden Samuel. Die Frömmigkeit des Kindes ist um so lieblicher, weil sie inmitten einer so wüsten Umgebung erblüht ist; und jetzt am Schluß der Erzählung, wo Saul als steuerloses Wrack gegen die Felsen treibt, wo am finsteren Himmel die Blitze zucken und die Donner rollen, hebt sich der Vorhang, und wir sehen den König, den Gott erwählt hat, den Mann nach Seinem Herzen, den jungen und schönen Knaben, der von der Schafherde fortgeholt wird, um der Hirte Israels zu werden. Im Gegensatz zu Eli's Söhnen steht Samuel; im Gegensatz zu Saul's Verwerfung David's Berufung. Dieses Gesetz des Gegensatzes zieht sich durch die ganze Bibel.

Wir wollen den folgenden Abschnitt einteilen in:

1. Aufgang eines jungen Morgens;
2. Hereinbrechende Nacht; und
3. Grelles Aufleuchten eines falschen Eifers.

I. Der Aufgang eines jungen Morgens. »Samuel schrie zu dem HERRN«, lesen wir. Noch ehe der Prophet zu Saul nach Gilgal gegangen war, hatte er sich um Abwendung des Gerichts in heißem Flehen zu Gott gewandt; aber sein Gebet war nicht erhört worden. Daher lautet Gottes Befehl an Samuel jetzt nicht: »Bete«, sondern »Handele«. Der Geist des HERRN befahl ihm, nach Bethlehem zu ziehen und aus den Söhnen Isais den neuen König zu wählen und zu salben. Der Prophet war aufs höchste erschrocken über diesen Auftrag, und seine Befürchtung, daß Saul ihn töten lassen würde, wenn er eine Ahnung von diesem Schritt hätte, war wohl nicht ganz unbegründet. Aber der HERR befahl ihm dennoch zu ziehen und sein Ölhorn und ein Kalb zum Opfer mitzunehmen.

So zog der Seher über die Hügel Judäas nach dem Dorf Bethlehem, das langgestreckt am Hügel lag, an dessen Fuß einst Boas um Ruth geworben hat.

Als er das Dorf betrat, erschraken die Ältesten. Das ganz unerwartete, plötzliche Erscheinen des Propheten mußte etwas ganz Außerordentliches bedeuten; und ängstlich fragen sie: »Ist es Friede, daß du kommst?« Er beruhigt sie und lädt sie zum Opfer ein. Sofort wird das Fest eingeleitet; aber zwischen dem Verbrennen des Opfers auf dem Altar und der Zubereitung des darauffolgenden Mahls mußte notwendig einige Zeit verstreichen, und in dieser Zeit läßt der Seher die Söhne Isais, eines angesehenen Mannes, vor sich kommen. In ganz unauffälliger Weise, ohne die öffentliche Aufmerksamkeit zu erregen, sollte David die Königswürde empfangen.

Es waren hochgewachsene, schöne junge Männer, die sich dem Propheten vorstellten, und als er die schlanken Gestalten und männlichen Gesichter ansah, schien es ihm ganz begreiflich, daß einer von ihnen der erwählte König sein könne. Aber es war nicht der Fall; ein Knabe mußte von der Weide gerufen werden: und er kommt mit gerötetem Gesicht, mit schönen Augen, aus denen Aufrichtigkeit und Herzensreinheit leuchten, der Aufgang einer neuen Zeit, der Mann nach Gottes Herzen. Fern von der Welt, im Kreis seiner Familie empfängt er die Weihe mit dem heiligen Salböl, und Gott bekannte sich zu diesem äußeren Zeichen, denn wir lesen, daß der Geist Gottes über den Knaben geriet. In der Kraft des Heiligen Geistes ging er nun seinem neuen Beruf entgegen, der Sänger Israels, der Hirte von Gottes Volk zu werden.

II. Einbrechende Nacht. Es ist Morgen bei David, es wird Nacht bei Saul; dort aufsteigende Jugendkraft, hier ein Mann, mit dem es abwärts geht. Während uns von David erzählt wird, daß der Geist Gottes über ihn geriet, meldet die unbestechliche Heilige Schrift gleichzeitig: »Der Geist aber des HERRN wich von Saul.« Das heißt nun nicht notwendig, daß Saul allem religiösen Leben abgestorben war, sondern wohl nur, daß die besondere Begabung, die er für das Königreich erhalten hatte, von ihm genommen wurde. Nicht allein durch Genie, scharfen Verstand, oder natürliche Talente wird das Lebenswerk eines Menschen geschaffen; auf geistlichem Gebiet ist die geistliche Gabe entscheidend, die Gottes Geist für einen bestimmten Dienst verleiht, und die den Empfänger auszeichnet, solange er treu ist und abhängig bleibt. Fängt er aber an, sich innerlich abzuwenden, tritt eine Scheidung zwischen Glaube und Lebenswandel ein, wendet sich sein Wille entschieden vom Willen und den Wegen Gottes zu eigenen Wegen, dann verschwindet jene geheimnisvolle Kraft, die von unseren Vorfahren »Salbung« und von der Bibel »Gottes Geist« genannt wird. So verlor

Saul die besondere Befähigung, seine Feinde zu unterwerfen und sein Reich zu regieren.

Wir besitzen die geheimnisvolle Fähigkeit, unser Herz dem heiligen Gottesgeiste zu erschließen, der uns das Leben und die Kraftfülle Gottes vermittelt, der Geist, Seele und Leib erfüllt, den Willen belebt und unsere ganze sittliche Natur umgestaltet und reinigt; aber es ist auch die schreckliche Möglichkeit vorhanden, uns den bösen Geistern oder Dämonen hinzugeben, von denen die geistige Welt voll ist. Ein Mensch hat die Wahl, von wem er sein Herz beziehen lassen will. Durch Gottes Gnade öffnen manche ihre Herzenstüre weit, um die herrlichste aller Gaben zu empfangen, die Gott geben kann, sich selbst. »Wir werden kommen und Wohnung bei ihm machen«, sagt der Heiland; aber es gibt auch Menschen, die Judas gleichen, von dem geschrieben steht, der Satan fuhr in ihn, oder dem unglückseligen Saul, von dem der Geist des HERRN wich, und den ein böser Geist vom HERRN sehr unruhig machte.

Wenn es heißt, daß ein »böser Geist vom HERRN« Saul sehr beunruhigte, müssen wir uns die Ausdrucksweise der hebräischen Sprache vergegenwärtigen. Es heißt dort oft, daß Gott etwas tut, was Er nur zuläßt, und so muß auch diese Stelle verstanden werden. »Gott kann nicht versucht werden vom Bösen, und selbst versucht Er niemanden« (Jak. 1,13. Elberf. Übers.), aber Er läßt zu, daß der Böse uns versucht (Hiob 1, 6-12; Luk. 22,31).

Wenn es daher heißt, daß ein böser Geist »vom HERRN« Saul beunruhigt, so müssen wir das so verstehen, daß Saul, weil er sich den Einflüssen des Heiligen Geistes entzogen und entschieden den Weg des Ungehorsams gewählt hatte, nichts anderes übrigblieb, als ihn seinem bösen Herzen zu überlassen. Die Schutzwehr der göttlichen Gnade wurde zurückgezogen, und nichts hinderte nun den Satan, in ihn zu fahren. Wie es in den ernsten, dreimal wiederholten Worten im ersten Kapitel des Römerbriefes heißt, hat ihn Gott »dahingegeben« in verkehrtem Sinn, zu tun, das nicht taugt. (Röm. 1,24, 26, 28.)

III. Grelles Aufleuchten eines falschen Eifers. Saul fühlte sich von Samuels Worten getroffen, und das Absetzungsurteil ging ihm sehr nah, sein ganzes Dichten und Trachten richtete sich nun darauf, sich, wenn möglich, Gottes Gunst wieder zu erobern, und dadurch das Urteil aufzuheben. Er hatte einem direkten Befehl getrotzt, das war nicht abzuleugnen; aber wenn er nun nach anderer Richtung einen ganz außerordentlichen Eifer entwickelte, ob er denn nicht begnadigt würde...? Er hatte etwas nicht getan, was Gott von ihm verlangte, wenn er nun etwas täte, was Gott nicht von ihm verlangte, würde das nicht alles wieder gut machen? Saul beschloß, einen alten Befehl hervorzusuchen, um mit ganz unerwartetem Gehorsam zu glänzen.

Es fiel ihm ein, daß Gott die Ausrottung aller Kanaaniter befohlen hatte; dennoch war es den Gibeonitern gelungen, sich durch List zu retten, und Josua hatte einen Bund mit ihnen gemacht (Jos. 9). Seit Jahrhunderten lebten sie nun unbehelligt im Lande und wurden fast zu Israel gerechnet. Sie waren ein friedliches Völkchen, und der mit ihnen gemachte Bund sicherte ihnen Leben und Freiheit zu. Trotzdem scheint, — wie aus einem späteren Text andeutungsweise hervorgeht — Saul Hand an sie gelegt und ihre Ausrottung angestrebt zu haben, eine Tat, die ihre Vergeltung nach sich zog. Als Gegenstück zu diesem eidbrüchigen Verfahren wurden später von den Gibeonitern die zwei Söhne Rizpas und fünf Enkel Sauls an den Galgen gehängt und blieben dort bis zur Verwesung. (2. Sam. 21,8.)

Ferner wandte sich Saul gegen alle Zeichendeuter und Zauberer im Lande in Befolgung eines Gebotes, das 3. Mose 20, 27 steht. In seinem Herzen glaubte er noch an sie, denn am Ende seines Lebens, wo der Mensch gewöhnlich alle Verstellungskünste fallen läßt, suchte Saul eine Wahrsagerin auf und bediente sich ihrer okkulten Fähigkeiten. Aber jetzt, in dem eifrigen Bestreben, Gott seinen Gehorsam zu beweisen und das Urteil der Absetzung rückgängig zu machen, begann er, diese Leute auszurotten. (1. Sam. 28,9.)

Aber während er so seinen Eifer um Gott zeigen wollte, stand es in seinem Herzen faul. Sein Hofstaat wurde prächtiger; er kleidete sich wie die benachbarten Könige, denn vom Felde Gilboa wurde seine Krone — wohl als prächtiger Turban zu verstehen — David überbracht; er kleidete die Töchter Israels in Rosinfarbe und gab ihnen goldenen Schmuck; er nahm sich Nebenfrauen wie die heidnischen Fürsten, und daß ein feiner Baalsdienst sich mit dem Dienste des HERRN zu vermischen begann, geht aus den Namen seiner Söhne hervor, die teils von Gott, teils von jenem schrecklichen Götzen abgeleitet sind.

Auf der einen Seite sehen wir Eifer für Gott, auf der anderen eine zunehmende Neigung zur Welt und zum Heidentum.

Saul steht nicht vereinzelt da; im Römerbrief sagt Paulus von Israel: »Denn ich gebe ihnen das Zeugnis, daß sie eifern für Gott, aber mit Unverstand; denn sie erkennen die Gerechtigkeit nicht, die vor Gott gilt, und trachten ihre eigene Gerechtigkeit aufzurichten und sind also der Gerechtigkeit, die vor Gott gilt, nicht untertan« (Röm. 10,2 u. 3). Paulus selbst bekennt von sich, daß zur Zeit, wo er noch »gegen den Stachel löckte«, er ein Eiferer um Gott war, und in diesem falschen Eifer die Christen bis in den Tod verfolgte (Apg. 22, 3, 4).

Und was sagt unsere Erfahrung zu obiger Geschichte? Wenn uns unser Gewissen straft, flüstert uns da nicht eine heimliche Stimme zu: mach' es wieder durch besonderen Eifer gut! und wir stürzen uns Hals über Kopf in eine aufreibende Tätigkeit, die die Vergangenheit auswischen soll? Es ist Eifer, aber ein falscher; es ist brennender Eifer, aber es ist fremdes Feuer; es ist Eifer, aber nur für das »Ich«, nicht für Gott; Eifer für den Buchstaben, für die Überlieferung und für die äußere Form; es ist nicht der Eifer, der einen Menschen aus Liebe zu dem Sohn Gottes und zu unsterblichen Seelen verzehrt.

Das ist unsere Geschichte, daran kann kein Mensch vorbei; hier ist der Spiegel, aus dem uns unser eigenes Gesicht entgegenschaut. Die Bibel ist Gottes Buch, weil sie das Buch des Menschen ist; sie ist das Buch für alle Zeiten und Völker; sie ist der Spiegel der Seele, denn jeder Mensch erkennt sich immer wieder in den Schicksalen und Erfahrungen derer, die dort geschildert werden.

Wir wenden uns einen Augenblick von Saul ab und blicken in das teure Antlitz, das sich über uns neigt, das Antlitz unseres HERRN Jesus, der uns mit unaussprechlicher Liebe liebt, und dessen Herz nach uns verlangt. Ja, auch wir sind ungehorsam gewesen, haben das uns gesteckte Ziel nicht erreicht, haben Seine Gebote nicht gehalten. Aber in Seinen blutenden Wunden ist Vergebung, und Er will verzeihen. Suche Ihn, o du irrende Seele! Bitte Ihn, alles gut zu machen und die Vergangenheit in Gnaden zuzudecken, und dann laß die Toten ihre Toten begraben. Möge der Heilige Geist in unser aller Herzen ein Feuer entzünden, das nie verlöscht, das immer für Gottes Ehre brennt, unsere ganze Natur durchglüht, und uns zu einem lebendigen und Gott wohlgefälligen Opfer macht.

XX.
Sünde gebiert Tod

(1. Samuel 18, 12)

Seit du Gottes Zucht entlaufen, ist Seine Segnung von dir gewichen;
Seit dein hoher Geist gesunken, ist dein schöner Stern erblichen;
Seit du Gottes Wort verachtet um den Raub von Amalek,
Heftet sich an deinen Fersen Höllenangst und Todesschreck.
Gerok

Der Apostel Jakobus beschreibt uns die Sünde und ihre unvermeidlichen Folgen; Sauls Schicksal beweist die Wahrheit seiner Worte. Kaum hat der unglückselige König der ersten Versuchung nachgegeben, so geht es Schritt auf Schritt abwärts, bis die Leidenschaft zur allesbeherrschenden Macht wird, die ihn allen göttlichen Geboten zum Trotz mit sich fortreißt.

Wie recht hat auch der Apostel, wenn er sagt, daß wer in einem Gebot sündigt, das ganze Gesetz übertreten hat. Die erste Sünde ist wie der Tropfen, der durch den Damm sickert; wird er nicht beachtet, so ist bald das ganze Land unter Wasser.

Als Saul innerlich noch ganz zerrissen über Samuels Urteilsspruch war, trat David zum erstenmal in seinen Gesichtskreis. Wir haben zwei verschiedene Berichte über seine erste Vorstellung bei dem trübsinnigen, von Gott verlassenen König, aber sie widersprechen einander nicht; der eine erzählt uns, daß er den königlichen Palast zum erstenmal als Spielmann betrat; der andere schildert seine großartige Heldentat, nach welcher er an den Hof gezogen wurde.

Die Anfälle von Schwermut bei Saul wurden immer häufiger, und seine Umgebung kam auf den Gedanken, — die Überlieferung sagt, der Vorschlag rührte von Doeg, dem Edomiter, her — zu versuchen, ob nicht Musik einen wohltätigen Einfluß auf das arme, kranke Gemüt ausüben würde. »Siehe«, sprachen seine Knechte zu ihm, »ein böser Geist von Gott macht dich sehr unruhig; unser Herr sage seinen Knechten, die vor ihm stehen, daß sie einen Mann suchen, der auf der Harfe wohl spielen könne, auf daß, wenn der böse Geist Gottes über dich kommt, er mit der Hand spiele, daß es besser mit dir werde.«

Der Vorschlag gefiel dem König, und einer der Jünglinge schlug David vor; vielleicht war er ein Landsmann von ihm, und er hatte im Heimatdorf mit dem Sohne Isais verkehrt, vielleicht mit ihm zu den Füßen desselben Rabbiners gesessen. Alles, was dem König von dem Hirtenknaben erzählt wurde, nahm ihn sehr für ihn ein. Er konnte wunderschön auf der Harfe spielen; er hatte ein klares Urteil und besaß Rednergabe; er galt als kühner Streiter in den Kämpfen, die er mit den Räuberhorden ausfochte, die seines Vaters Herden bedrohten, und er war schön von Gesicht und Gestalt. — Es scheint, daß mit David vorgegangen war, was mehr oder minder allen Knechten Gottes geschieht. Der Heilige Geist durchdringt und durchgeistigt die ganze Persönlichkeit eines Menschen und bringt auch die natürliche Schönheit der Gesichtszüge mehr zum Ausdruck.

Saul, der gern alle vielversprechenden Jünglinge an seinen Hof zog, zögerte nicht, David rufen zu lassen. Die Herrscher im Morgenland übten eine unumschränkte Gewalt aus, und Saul sandte an Isai den Befehl, ihm seinen Sohn zu schicken, der die Herden hütete. Dagegen ließ sich nichts machen. Isai übergab seinem Sohn für den König ein Geschenk von den Produkten seiner Wirtschaft und ließ seinen Benjamin ziehen, um die schwierigen und verschlungenen Pfade des Hofes zu betreten. — »Also kam David vor Saul und diente vor ihm, und er gewann ihn sehr lieb.« Wenn nun Saul einen Anfall von Schwermut bekam, und die finsteren Wolken der Gottverlassenheit und Verzweiflung sich über ihm zusammenzogen, wenn der böse Geist ihn beunruhigte, nahm David, der zu dieser Zeit wahrscheinlich etwa achtzehn Jahre zählte, die Harfe zur Hand, und an den lieblichen Tönen erquickte sich Saul. Der böse Geist wich von ihm, und er war zur Zeit genesen.

Wollen wir uns einmal an der Hand eines englischen Dichters so recht vorstellen, wie der junge Sänger durch seine wundervollen Lieder den finsteren Geist bannte, der den König gefangen hält? Hört, wie er die Auen beschreibt, wo die Herden weiden, oder die schattigen Täler, wo die Schafe zum frischen Wasser geführt werden; jetzt auf einmal ertönt eine frische kriegerische Weise, — es ist ein Aufruf an die Stammesgenossen, sich zu versammeln, denn an der Grenze droht ein Feind, — und jetzt ertönt lieblicher Gesang; es ist der Willkommensgruß der Jungfrauen, die den Jünglingen nach siegreicher Schlacht entgegenziehen. Wir hören

Windesbrausen und Donner rollen und den Hagel prasseln, dann legt sich allmählich der Sturm und klingt in den Friedensakkord einer sonnenbeschienenen Landschaft aus; jetzt scheint der Wind durch die Waldesbäume zu rauschen oder mit dem Wiesengras zu spielen, und auf einmal erklingt das Lied der Sphären, die Himmel erzählen die Ehre Gottes, und die Feste verkündigt Seiner Hände Werk.

Daß solche Musik den denkbar größten Einfluß auf den kranken König hatte, läßt sich denken; übrigens soll auch Philipp V. von Spanien durch das Spiel eines berühmten Künstlers von Schwermut geheilt worden sein. Sauls Anfälle blieben immer länger aus, und Davids Kunst wurde daher weniger beansprucht. Es gab viele Bewerber um die königliche Gunst; er wurde vielleicht etwas in den Hintergrund gedrängt, und Saul dachte nicht mehr an ihn; diese Unbeständigkeit mag auch mit seiner Krankheit zusammengehangen haben, denn es ist doch nicht natürlich, daß Saul den Jüngling vergißt, den er so geliebt hat, und der sein Arzt und Waffenträger geworden war (Kap. 16,22).

So verging die Zeit — wir können nicht sagen, wie viele Jahre —, da traten Ereignisse ein, die Saul und David von neuem zusammenführten, und in engere Beziehungen brachten.

Die Philister hatten es nie verwunden, daß die Israeliten das Joch, das sie so lange demütig ertragen hatten, abgeschüttelt hatten, und nach vielen kleinen Raubzügen an der Grenze brachen sie nun mit Macht ins Land. Die feindlichen Heere drangen wie eine Flut ins Land, kamen ins Terebinthental (Elberf. Übers.) in Juda und lagerten sich bei Ephes Dammin, oder der Blutgrenze, wahrscheinlich so benannt nach blutigen Zusammenstößen, die dort stattgefunden hatten. Es ist ein breites Tal, in der Mitte noch einmal geteilt durch eine Schlucht, in der ein Bergbach fließt; im Winter rauscht er schäumend dahin, im Sommer aber trocknet er aus. Diese Schlucht mit ihren fast senkrechten Ufern erschwerte den Kampf ungemein; weder die Philister noch die Israeliten wagten sie zu durchqueren, und die Heere lagen sich vierzig Tage untätig gegenüber.

Der Kampf mit Goliath gehört zur Geschichte Davids; wir berühren ihn nur, insofern er den unglücklichen ersten König Israels angeht.

Als der riesige Krieger der Philister in seiner glänzenden Rüstung und mit einem mächtigen Speer in der Hand aus den Reihen der Philister hervortrat und den Israeliten seine Herausforderung entgegenschleuderte, da entfiel Saul das Herz ebenso wie dem Geringsten seiner Untertanen; es heißt in Vers 11: »Da Saul und ganz Israel diese Rede des Philisters hörten, entsetzten sie sich und fürchteten sich sehr.« Saul war Gottes erwählter König und hatte in seiner Jugend auch die Macht des Glaubens erfahren, aber der Ungehorsam hatte die Sehnen seiner Kraft zerschnitten, und er war schwach geworden, wie gewöhnliche Sterbliche es sind. Gehorsam und Glauben hängen eng zusammen; wenn du gehorchst, kannst du glauben, und wenn du glaubst, kannst du gehorchen. Wenn ein Mensch Glauben hat, kann er stark im Kampf sein und ganze Scharen von Feinden in die Flucht jagen. »Euer fünf sollen hundert jagen, und euer hundert sollen zehntausend jagen«, ist eine Verheißung für den Gehorsam; während die Folge des Ungehorsams ein feiges Herz ist, das vor einem raschelnden Blatt erschrickt (3. Mose 26,8 u.36). Saul konnte angesichts der lästerlichen Prahlerei Goliaths nichts tun, als dem Helden, der den Kampf mit ihm wagen und den frechen Philister fällen würde, die schönsten Versprechungen zu machen.

Als endlich David, dessen ganzes Herz von gläubigem Heldenmut brannte, vor ihm stand, suchte Saul ihm von dem Zweikampf abzuraten: »Du kannst nicht hingehen wider diesen Philister, mit ihm zu streiten«, sagt er, denn er weiß von keiner Kraft außer der natürlichen, die durch lange Übung noch erstarkt ist (Kap. 17,33); kennt keinen Schutz außer den, den die Rüstung gewährt; der Kernpunkt von Davids Bericht über seinen erfolgreichen Kampf mit dem Löwen und Bären geht ihm ganz verloren, er sieht und versteht auch den jungen Hirten nicht, als er seine Errettung auf Gott zurückführt (Kap. 17,37). Schon damals mag David in seinem Herzen gesungen haben:

Der HERR ist mein Licht und mein Heil,
Vor wem sollte ich mich fürchten?
Der HERR ist meines Lebens Kraft,
Vor wem sollte mir grauen?

Solche gläubige Siegesgewißheit konnte der König nicht verstehen, denn die Augen seines Herzens waren verblendet, und er konnte nicht sehen; er hatte keine Ahnung davon, daß der Glaube ganz neue Kraftquellen erschließt, und daß Legionen von Engeln sich um das bedrängte Gotteskind lagern.

Als David dem Philister entgegenging, fragte der König seinen Feldhauptmann: »Wessen Sohn ist der Knabe?« und als Abner es nicht weiß, sagt er: »So frage danach, wessen Sohn der Jüngling ist.« Seine erste Frage an den jungen Helden, der mit dem Haupt des Philisters zurückkehrt, ist wieder: »Wessen Sohn bist du, Knabe?« Es ist, als ob Saul seinen Sieg auf seine Abstammung zurückführen will. »Dieser Jüngling«, denkt er, »muß einem edlen Geschlecht entstammen, das Blut Josuas oder Kalebs fließt in seinen Adern; dieses Edelreis muß einem großen Stamm entsprossen sein.« So schätzt der Weltmensch immer das Gotteskind ein. Er will immer seinen Erfolg in einzelne Bestandteile zerlegen und ihn daraus erklären. Er hat gar keine Ahnung davon, was Gott einer Seele sein kann, und was Er für einen Menschen tut, der Ihm völlig vertraut.

Nach der Rückkehr nach Gibea setzte Saul David über seine Kriegsleute, ein kluger Schritt seinerseits. David vertauschte die Harfe mit dem Schwert und zog an der Spitze der Kriegsleute gegen den Erbfeind aus. Er wurde immer unentbehrlicher für die Sicherheit des Thrones und immer mehr zum Liebling des Volkes. »David zog aus, wohin ihn Saul sandte, und hatte Gelingen.« Aber seine Beliebtheit wurde die Ursache zu Sauls unheilvoller Tat.

Bei einer Gelegenheit, als Saul und David gemeinschaftlich Einzug hielten, — es muß einige Zeit nach Davids Sieg über Goliath gewesen sein — zog ihnen eine große Schar schön geschmückter Frauen im Reigentanz jauchzend entgegen; sie spielten auf dem Instrument von drei Saiten, schlugen das Tamburin und sangen dazu in Wechsel-Chören, denn es heißt, sie sangen »gegeneinander« einen Siegesgesang, dessen Kehrreim lautete:

Saul hat tausend geschlagen,
Aber David zehntausend.

Da erwachte in Sauls Herzen wilde Eifersucht, er wurde ganz rasend bei dem Gedanken, daß aller Wahrscheinlichkeit nach David der »Nächste« war, von dem Samuel als seinem von Gott bestimmten Nachfolger geredet hatte (Kap. 15,28). Wenn nun dieser junge Krieger, der so fröhlich in die Welt schaute, der augenscheinlich bei Gott in Gnaden stand und auch die Liebe des Volkes bereits besaß, ihn entthronen würde — — — —? »Da ergrimmte Saul sehr, und gefiel ihm das Wort übel und sprach...: »Es fehlt ihm nur noch das Königtum.«

»Und Saul sah David scheel an, von dem Tage und fortan.« Liebe und Anerkennung, die er für den Retter aus der Not empfunden hatte, waren wie weggeblasen. Die Milch der frommen Denkungsart war in gährendes Gift verwandelt. Sein altes Leiden kehrte mit verdoppelter Macht zurück, und am Tage nach der Einholung durch die Frauen, als er über die ihm angetane Schmach — wie er es in seiner Einbildung nannte — brütete, schien es, als ob sein ganzes Wesen sich plötzlich bösen Einflüssen öffnete, die ihn zu einer unheilvollen Tat hinrissen. In einem Anfall von Tobsucht ergriff er den Speer, der als Zeichen seiner königlichen Würde neben ihm stand, und warf ihn nach David, der gerade versuchte, den bösen Geist durch sein Spiel zu bannen. Nicht nur einmal, nein zweimal fuhr die tödliche Waffe durch die Luft auf den Sänger zu, der ihr beide Male geschickt auswich; er schob wahrscheinlich in seiner Herzensreinheit diesen Mordversuch auf den kranken Zustand des Königs und hatte keine Ahnung von dem höllischen Feuer der Eifersucht, das in seinem Herzen brannte.

O daß wir uns recht vor den ersten Anfängen der Sünde hüten, und es ja nicht leicht damit nehmen möchten! Wenn böse Einflüsse und sündige Einflüsterungen dich wie die Bakterien einer Seuche umschwirren, dann fliehe zu Jesus, ruf Ihn um Hilfe an. Und wie du Seine Gnade zur Vergebung der Sünde angenommen hast, so nimm sie auch an zur Erlösung und Befreiung von der Macht der Sünde. »Erforsche mich, Gott, und erfahre mein Herz; prüfe mich und erfahre, wie ich es meine, und siehe, ob ich auf bösem Wege bin, und leite mich auf ewigem Wege.«

XXI.
Eifersucht ist eine Leidenschaft, die mit Eifer sucht, was Leiden schafft.

(1. Samuel 18)

Wer sich selber sucht und liebt,
Lebt bedrängt und wird betrübt;
Wer Gott liebt und sich vergißt,
Frei und leicht im Geiste ist.

Eifersucht ist eine der schrecklichsten Sünden. Die schlimmsten Verbrechen, welche die Geschichte der Menschheit beflecken, lassen sich auf sie zurückführen, und nirgends tritt sie uns offener und abschreckender entgegen als bei dem ersten König Israels.

I. Eifersucht öffnet dem Teufel Tür und Tor. Bei Saul ging es sehr schnell. Einen Tag zogen die Frauen jauchzend ihm und David entgegen und entflammten durch ihren Gesang die Eifersucht in seinem Herzen, und schon am nächsten kam der böse Geist über ihn.

Wir glauben, daß Gottes Vorsehung eine undurchdringliche Mauer aufgerichtet hat zwischen den Seelen der Menschen und den bösen Geistern, die in der Luft leben, die Mächte der Bosheit in den himmlischen Örtern, wie sie Epheser 6, 12 genannt werden, und ihr Anführer ist der Fürst, »der in der Luft herrscht« (Eph. 2,2).

Der böse Geist bei Saul heißt »vom Herrn«; wie schon gesagt, kann das nur so verstanden werden, daß Gott ihm zu kommen gestattete, und daß der tragische Ausgang die unabwendbare Folge war. Wenn ein Mensch mit seiner Seele spielt, sich gegenüber allen Warnungen Gottes immer neu verhärtet, kann Gott ihn nicht vor den Folgen bewahren. Es gibt in der geistlichen Welt ebensogut Gesetze wie in der natürlichen. Gehorche den Gesetzen der Natur, so werden dir ihre Kräfte wie gehorsame Knechte dienen, z.B. Feuer oder Elektrizität. Das ist des Schöpfers Wille. Es ist aber ebenso des Schöpfers Wille, daß, wenn du dich gegen diese ehernen Gesetze versündigst, die Kräfte, die dir eben dienten, sich gegen dich wenden und zu deinen schlimmsten Feinden werden, die alles vernichten, Haus und Besitz, ja sogar dein Leben nicht schonen. Wenn der Mensch sich gegen den Heiligen Geist empört und gegen Ihn arbeitet, so wendet Er sich ab und läßt ihn laufen. »Gott«, so hat jemand gesagt, »muß uns etwas sein; was Er uns ist, hängt von der Stellung ab, die wir Ihm gegenüber einnehmen.« Bei den Heiligen bist Du heilig; bei den Frommen bist Du fromm; bei den Reinen bist Du rein, und bei den Vekehrten bist Du verkehrt. (2. Sam. 22, 26. 27.)

II. Mit Eifersucht schadet man nur sich selbst. David hatte sich mit einem Schlage die allgemeine Liebe und Verehrung erworben. »Ganz Israel und Juda hatte David lieb« (V. 16). In dieser gemeinsamen Liebe zu einem, der ihnen so nahe stand, vergaßen die Israeliten ihre alten Zwistigkeiten. Nicht allein bei dem Volk, sondern auch bei den Hofleuten fand der Jüngling Gnade; er war über die Kriegsleute gesetzt worden und zog mit ihnen aus, wohin ihn Saul sandte, und daß er diese bevorzugte Stellung einnahm, gefiel nicht nur »allem Volk«, sondern »auch den Knechten Sauls«; Jonathan liebte ihn mit einer Liebe, die David höher als Frauenliebe schätzte, und Michal, Sauls Tochter, war ihm von Herzen zugetan. Der unverdorbene, reine Jüngling muß eine unbeschreibliche Anziehungskraft auf alle ausgeübt haben, die mit ihm in Berührung kamen.

»Der HERR war mit ihm«; das war das Geheimnis seiner Erfolge. Immer wieder wird das betont. »Saul fürchtete sich vor David, denn der HERR war mit ihm« (V. 12). »Es gelang David in allem seinem Tun, und der HERR war mit ihm« (V. 14). »Saul sah und merkte, daß der HERR mit David war« (V. 28). Überdies war David klug; er verhielt sich klug, lesen wir in Vers fünf und vierzehn, so klug, daß sich Saul vor ihm scheute (V. 15), und handelte klüger als alle Knechte Sauls, so daß sein Name hochgepriesen wurde (V. 30).

Unter diesen Umständen hätte Saul gar nichts Vernünftigeres tun können, als den Liebling des Volkes an seine Person zu fesseln. Mit dem offenen Zugeständnis, daß der Sohn Isais sein bestimmter Nachfolger sei, und bei Gott in besonderen Gnaden stände, hätte der König David anstellen und gebrauchen sollen, und er hätte die schwindende Volksgunst wiedergewonnen. Saul konnte die göttliche Wahl nicht rückgängig machen, aber er hätte seine eigene Absetzung hinausschieben können. Nichts hätte ihn beliebter gemacht, als sein Schicksal und das seiner Familie unauflöslich mit einem Mann zu verknüpfen, der dem Vaterland und dem Königshaus so große und unbezahlbare Dienste leisten konnte; und es wäre so leicht gewesen, es zu tun!

Aber Saul nährte die unheimliche Leidenschaft in seinem Herzen, bis sie in wilden Flammen aufloderte und sein ganzes Leben zerstörte.

Es gibt Leidenschaften, die sich durch Rücksichten auf das eigene Wohlergehen oder aus Standesbewußtsein unterdrücken lassen; Eifersucht aber gehört nicht dazu; ihr wird alles geopfert. Häuslichen Frieden, Erfolg eines großen Unternehmens, Glück und Wohlergehen eines geliebten Menschen, der die unschuldige Ursache der Eifersucht ist, den Dienst Gottes, die Aussicht auf ein Leben der Selbstachtung, wenn man nur der Leidenschaft Herr werden könnte —, Leser, alles dies und noch mehr habe ich vor dieser wahnsinnigen Furie fallen sehen.

III. Eifersucht scheut sich vor keinem Mittel, ihren Zweck zu erreichen. Sie nimmt den Dolch zur Hand, dessen Spitze so fein ist, daß der Gestochene im ersten Augenblick die Verwundung gar nicht fühlt; sie schlägt mit einem Schlag den vermeintlichen Nebenbuhler mit dem Knüppel zu Boden; sie reicht den Giftbecher dar, oder sie spinnt eine niederträchtige List, durch welche das arglose Opfer veranlaßt wird, in sein eigenes Verderben zu laufen, sie schreckt eben vor nichts zurück.

Oben Gesagtes läßt sich in der Geschichte Sauls verfolgen; erst versucht er, David mit eigener Hand zu töten; er wußte, daß man diese mörderische Tat mit seinem zerrütteten Gemütszustand entschuldigen würde und warf zweimal den Spieß nach dem Sänger, der ihn durch seine Lieder erheitern wollte.

Als diese Attentate mißlungen waren, versuchte der König, den jungen Helden in Gefahr auf dem Schlachtfeld und in den Scharmützeln an der Grenze zu stürzen. Er hielt ihm seine Tochter Merab als Köder hin und suchte ihn ferner dadurch für seine Pläne zu gewinnen, daß er sich an seine religiösen Gefühle wandte — die stärkste Triebfeder für den frommen jungen Mann. »Und Saul sprach zu David: Siehe, meine größte Tochter Merab will ich dir zum Weibe geben; sei nur tapfer und führe des HERRN Kriege«; und nun zieht der heilige Schriftsteller rücksichtslos den Schleier zurück und läßt uns einen Blick in die geheimen Gedanken jener finsteren, vom Bösen verfolgten Seele tun: »Denn Saul dachte: meine Hand soll nicht an ihm sein, sondern die Hand der Philister.«

Auch dieser Plan schlug fehl, aber er schien zu fein eingefädelt, um nicht noch einmal probiert zu werden. Diesmal wurde Sauls jüngere Tochter, Michal, die zu dieser Zeit wenigstens David von ganzem Herzen gut war, als Belohnung ausgesetzt, um David zu neuen Heldentaten anzuspornen. Er sollte hundert Philister töten, das war die Bedingung, um Schwiegersohn des Königs zu werden — eine Mitgift würde dann nicht von ihm verlangt werden. Auch die Diener an Sauls Hof redeten David zu, diese hohe Ehre nicht abzuweisen; sie mögen der guten Meinung gewesen sein, daß der König David jetzt aufrichtig zugeneigt war und ehrlich wünschte, ihn zu seinem Schwiegersohn zu machen, denn Saul spielte seine Rolle mit ungewöhnlicher Geschicklichkeit; auf der einen Seite ließ er seine Diener glauben, daß David wirklich sein Herz gewonnen hätte, und auf der anderen »trachtete Saul, David zu fällen durch der Philister Hand«. —

Auch dieser Anschlag mißlang; es schien, als ob David durch Gottes Gnade ein gefeites Leben habe. Nun rückte Saul offen mit seinen finsteren Plänen heraus und suchte seinen Sohn Jonathan und seine Knechte zu bereden, daß sie David töteten; er selbst griff noch einmal zum Speer und warf ihn so heftig nach David, daß er in die gegenüberliegende Wand fuhr, an die er sein Opfer spießen wollte. Dann verfolgte er David erst bis in sein eigenes Haus und schließlich bis in Samuels Heim zu Najoth (Kap. 19).

So handelt Eifersucht. Wenn eine Frau auf eine andere eifersüchtig ist, die vielleicht gar nicht im Traum daran denkt, die Liebe ihres Gatten zu gewinnen, oder wenn ein alternder Bruder neidisch ist auf jüngere oder den Verantwortlichen der Nachbargemeinde, der die Versammlung immer voll besetzt hat, oder wenn man eifersüchtig ist auf den neuen Freund oder die Freundin, die sich ein geliebter Mensch gewonnen hat, — o dann ist gar nicht zu sagen, in was für ungerechten Vermutungen und häßlichen Andeutungen so ein eifersüchtiger Mensch seinen Groll ausläßt, wie alle Worte der Person, auf die man einen Haß hat, verdreht werden, wie Betragen und Handlungen, ja selbst jeder Blick falsch ausgelegt werden. —

IV. Eifersucht auf Unschuldige kann vor Gott nichts ausrichten. Das beweist Davids Geschichte recht deutlich. Gottes Gnade vereitelte jeden Anschlag auf sein Leben, und er wurde nur immer beliebter. Er wird ein Oberster im Heer, und wo er hinzieht, hat er Sieg; aus der Gegenwart des Königs verbannt, zieht er vor dem Volk aus und ein, und ganz Israel und Juda gewinnen ihn lieb (V. 13 und 16); er soll hundert Philister schlagen, und zweihundert fallen vor ihm, so daß sein Name hochgepriesen wird (V. 30). Saul möchte seinen Sohn bewegen, David zu töten, und kettet die beiden jungen Herzen nur enger aneinander, und Jonathan wird bei seinem Vater zum Vertreter des Verfolgten (Kap. 19,4). Alles, was David zum Verderben dienen soll, schlägt zum Guten um; Saul gräbt eine Grube, in die er selbst hineinfällt.

Wenn nur eifersüchtige Menschen sich diese Geschichte zu Herzen nehmen möchten und erkennen, wie zwecklos alle Anstrengungen sind, denen zu schaden, die dazu bestimmt scheinen, sie zu verdrängen. Das ist nicht die Art und Weise, die Gefahr zu überwinden.

Es gibt eine Vergeltung, die den Übeltäter trifft; der HERR überläßt einen David nicht der Gnade eines Saul; Er wird einen Jonathan erwecken, die Gefahr abzuwenden; Er wird einer Michal rufen, den tödlichen Streich abzuwehren; Er wird die Mörder durch die geheimnisvollen Einwirkungen geistlicher Mächte unschädlich machen und den Feind und Rachgierigen vertilgen.

Gott ist ein rechter Richter...
Will man sich nicht bekehren, so hat Er Sein Schwert gewetzt
Und Seinen Bogen gespannt und zielt
Und hat darauf gelegt tödliche Geschosse.
— —
Sein Unglück wird auf seinen Kopf kommen,
Und sein Frevel auf seinen Scheitel fallen.

(Ps. 7, 12-14. 16)

XXII.
Erbarmungslos

(1. Samuel 20, 27)

Uns von Sünden zu erlösen,
Gabst Du Deinen Sohn dahin;
O so reinige vom Bösen
Durch Ihn unsern ganzen Sinn.

Eifersucht schrickt vor nichts zurück und dringt rücksichtslos sowohl in das Heiligtum der Familie wie in das Heiligtum Gottes hinein; sie greift dabei in christlichen Landen nicht oft zum Mordstahl; aber die Waffen, die sie braucht, haben auch schlimme Folgen. Wer kennt nicht das leise Flüstern, mit dem einem ein Verdacht zugeraunt wird, oder das schweigende, vielsagende Achselzucken? Es gibt bedeutungsvolle Blicke, scheinbar harmlose Fragen, die einen Sturm von Gedanken heraufbeschwören — alles das sind scharfe Waffen, die das Vertrauen zwischen Mann und Frau, zwischen Eltern und Kindern und zwischen Freunden zerschneiden können.

Eine der heiligsten Einrichtungen des menschlichen Lebens ist das Heim. Zwei Menschen haben sich verbunden und sind eins geworden, und dieser Vereinigung entsproßt das Gottesgeschenk an Kindern. David hatte ein glückliches Heim, und nächst Gott verdankte er es Saul. Michal, die jüngere Königstochter, liebte David, und es war Saul sehr recht gewesen, und er hatte sie dem Geliebten zur Frau gegeben. Eine Frühlingszeit ging für die beiden jungen Menschenkinder an, selig in gegenseitiger Liebe, bis später ein Reif hineinfiel und die zarte Blüte der Liebe tötete.

Als David dem Speer ausgewichen war, floh er in sein Haus und sagte sich: »Mein Schwiegervater wird das Heiligtum der Liebe seiner Tochter achten«; aber der wahnsinnig eifersüchtige König dachte anders und schickte Boten, ihn zu töten. In dieser Not entrangen sich Davids Herzen die flehentlichen Worte, die uns im 59. Psalm aufbewahrt sind:

Errette mich, Gott, von meinen Feinden,
Und schütze mich vor denen, so sich wider mich setzen;

Errette mich von den Übeltätern,
Und hilf mir von den Blutgierigen;
Denn siehe, HERR, sie lauern auf meine Seele,
Die Starken sammeln sich wider mich
Ohne meine Schuld und Missetat.

(Ps. 59, 2-4.)

Michal kannte ihren Vater zu genau, um auf sein Erbarmen zu hoffen. Sie sann auf Mittel zur Rettung und verhalf David mit eigener Hand zur Flucht, indem sie ihn aus dem Fenster hinabließ. Ihrer Klugheit ist es zu verdanken, daß das neu gegründete Heim nicht verwüstet wurde und das Feuer auf dem Herde nicht für immer verlosch.

Der Freistatt des eigenen Hauses am nächsten steht die des Gotteshauses, wenn sie nicht noch darüber steht. Beide stehen und fallen zusammen, eins ist die Bürgschaft für das andere.

Aber Saul zeigt, daß ein eifersüchtiger Mensch auch das Heiligtum Gottes nicht achtet. David floh zu Samuel, um ihm alles Geschehene mitzuteilen und den schweren Verdacht, der sich ihm aufdrängte, auszusprechen, daß nämlich die Mordversuche Sauls nicht einem kranken Gehirn entsprängen, sondern einem bösen Willen. Zur größeren Sicherheit brachte ihn Samuel nach Najoth, einer Hüttenkolonie, wo eine Schar junger Leute für das prophetische Amt erzogen wurde.

In diese heilige Gemeinschaft sandte Saul dreimal hintereinander Boten, um David zu verhaften, und ging schließlich in heißem Zorn darüber, daß sie nichts ausrichteten, selbst hin. Wie er nach dem großen Brunnen oder der Zisterne zu Seku gekommen und gebieterisch nach Samuel und David gefragt hatte, war in späteren Zeiten noch in vieler Gedächtnis. Als er es erfahren, ging er nach Najoth, wo er sofort in eine Art von Verzückung fiel, die den ganzen Tag und die ganze Nacht dauerte.

Was nun auch die Natur der Erscheinungen bei Saul gewesen sein mag, ob sie leiblicher, geistiger oder geistlicher Art war — und wahrscheinlich war sie das letztere —, sie waren nur flüchtig und vorübergehend, und es stand mit ihm nachher schlimmer als zuvor, denn er bedrohte sogar das Leben seines Sohnes Jonathan.

Selbst Vaterliebe und Vaterstolz können vor der Eifersucht nicht standhalten und führen nur neue und schreckliche Verwicklungen herbei. — Jonathan ist eine der edelsten Blüten am Stamme des Menschengeschlechtes; eine wahrhaft königliche Seele wohnte in ihm. Ob er am Hofe oder auf dem Schlachtfeld war, stets leuchtete er als ein Stern erster Größe; er zeichnete sich durch wahren Mut und unerschrockene Kühnheit aus und war ein Liebling des Volkes, das schon einmal seinem Vater nicht erlaubt hatte, sein Leben anzutasten; er war ein kluger Staatsmann, ein treuer Freund, rasch von Entschluß — doch gewiß Gründe genug, den König an ihn zu fesseln, wenn nicht aus Vaterstolz, so doch aus Klugheit. Aber nichts fiel bei Saul ins Gewicht, wenn Eifersucht auf David in der Wagschale lag.

Am Fest des Neumonds erfolgte ein neuer Ausbruch des Vulkans, der in Sauls Herzen schlummerte. Als am zweiten Tag des Festes Davids Platz wie am ersten unbesetzt blieb, fragte der König Jonathan, warum »der Sohn Isais« nicht anwesend wäre. Will er mit dieser Benennung seine niedrige Herkunft betonen und die zwischen ihnen bestehende Verwandtschaft verleugnen? Als er die zwischen den beiden Freunden verabredete Antwort erhält, wird er wütend und beschimpft Jonathan mit den schmählichsten Ausdrücken, die ein Orientale gebrauchen kann — wer läßt heutzutage z.B. seine Wut an der Mutter desjenigen aus, der ihn gereizt hat! —, fordert Davids sofortige Verhaftung und Hinrichtung und wirft schließlich seinen Speer nach Jonathan, der vergeblich versucht hat, ihn zu besänftigen.

Daß Eifersucht auch jeder Verdächtigung ihr Ohr leiht, beweist der Fortgang der Geschichte. David floh nach Nobe, wo Ahimelech bei den Überresten der alten Heiligtümer als Hoherpriester waltete. Das Mißtrauen, das er empfand, als der Schwiegersohn des Königs so urplötzlich und ohne jede Begleitung vor ihm stand, verlor sich bald; er nahm ihn mit Achtung auf, versah ihn mit Brot und Wein, rüstete ihn mit Goliaths Schwert aus und erteilte ihm Rat und Auskunft.

Einige Monate später kam diese Geschichte Saul zu Ohren; er lag gerade mit einer Schar zuverlässiger Benjaminiten, Männer seines Stammes, auf der Anhöhe zu Gibea und lauerte auf Nachrichten über den Verbleib seines verhaßten Nebenbuhlers, um ihn überfallen und töten zu können. Es scheint, als ob der König nur daran dachte, seinen Rachedurst zu stillen und für öffentliche Angelegenheiten gar nicht mehr zu haben war. Verhöre und Rechtsprechung, die Verteidigung des Reiches, alles wurde dieser einen krankhaften Idee wegen beiseite geschoben.

Eifersucht nimmt oft den Ton beleidigter Unschuld an, und auch Saul bricht in die Klagen aus, daß alle seine Knechte sich gegen ihn verschworen hätten, daß niemand etwas auf ihn halte, daß Jonathan mit David unter einer Decke stecke, daß jedermann nur auf seinen Sturz warte, um als Belohnung für Verrat Beförderung und Besitz von dem Sohn Isais zu erhalten. Es waren sehr ungerechte und unbegründete Vorwürfe; Jakobus hat recht, wenn er sagt, daß die Zunge von »der Hölle« entzündet sein kann. So war es hier; Eifersucht schlägt eben blindlings drauf los, und es ist ihr ganz gleich, wen oder was sie trifft; Treue und Liebe gelten ihr nichts.

In dem allgemeinen Schweigen, das auf Sauls Ausbruch folgte, erhob sich eine Stimme; Doeg, der Edomiter, erzählte, was er gesehen, als er einer vorgeschriebenen Reinigung, oder eines anderen gesetzlichen Brauches wegen in der Stiftshütte geweilt hatte, und Zeuge von Davids Aufnahme bei Ahimelech geworden war.

Doegs Bericht lenkte den Verdacht des Königs von seiner Umgebung ab und auf die Priester. Nobe war nicht weit von Gibea, und infolge eines königlichen Befehls standen bald Ahimelech und seines Vaters ganzes Haus — d. h. alle männlichen Nachkommen des Hohenpriesters aus dem Hause Eli — vor dem König. In maßlosen Worten warf Saul ihnen allen vor, daß sie sich mit David verbündet hätten, um seinen Thron zu stürzen, und blieb taub für Ahimelechs sanfte Einwände und Entschuldigungen. Der Hohepriester gibt zu, daß er getan, wessen der König ihn beschuldige, aber er habe in gutem Glauben gehandelt. Er habe David stets für einen der treuesten Diener des Königs gehalten, der oft mit geheimen Aufträgen betraut sei; er habe oft zu Gott für ihn gebetet und immer geglaubt, er handle dabei nach des Königs Wunsch und Willen. — Der arme Mann! Er hätte ebensogut versuchen können, den reißenden Jordanstrom abzudämmen. Schon ehe er seine Verteidigung begann, stand Sauls Entschluß fest; einer schrecklichen Eingebung folgend, die sicherlich vom bösen Geist stammte, und für welche seine haltlose Natur ebenso empfänglich war wie für die heiligen Einflüsse zu Najoth, sagt er: »Ahimelech, du mußt des Todes sterben, du und deines Vaters ganzes Haus« (Kap. 22, 16).

Die königliche Leibwache scheute sich, die ruchlose Tat auszuführen, aber der Fremdling Doeg hatte keine Bedenken und fiel mit seinen Hirten erbarmungslos über die wehrlosen Priester her und tötete sie alle; ein schreckliches Blutbad, denn fünfundachtzig mußten sterben.

Die Kunde dieser niederträchtigen Hinrichtung muß ein lähmendes Entsetzen in Israel hervorgerufen haben; alle aufrichtigen Menschen werden die Empfindung gehabt haben, daß, solange diese wahnsinnige Eifersucht den König beherrsche, nichts mehr sicher sei, daß die Grundfesten des Reiches wankten, und Leben und Freiheit der Untertanen aufs höchste gefährdet seien.

Welche Warnung für uns alle, dem ersten Eindringen der Sünde zu widerstehen! — Gedanken werden zu Taten, Taten zu Gewohnheiten, Gewohnheiten werden zum Charakter, und der Charakter bildet unser Schicksal.

Ein eifersüchtiger Mensch ist aber auch starken Anfällen von Gewissensbissen unterworfen; das sind vielleicht Einwendungen des Heiligen Geistes, der niemand ungewarnt dem Abgrunde zutreiben läßt. In dem starken Wirbel der Leidenschaften, der ihn dahinreißt, geriet Saul oftmals in diese Strömung.

Als einmal, bald nach den ersten Wutausbrüchen des Königs, Jonathan »das Beste von David mit seinem Vater redete« und ihn an die großen Verdienste erinnerte, die er sich um das Land erworben hatte, hörte Saul aufmerksam zu und schwur, daß er ihn nicht töten lassen werde.

Als später David in den Schluchten, westlich vom Toten Meer, in der einsamen Höhle in dem Felsen des Steinbocks Sauls Leben schonte, weil er seine Hand nicht an den Gesalbten des HERRN legen wollte und auch seine Männer abhielt, ihm ein Leid zuzufügen, da war Saul von dieser damals beispiellosen Großmut tief ergriffen, vergoß Tränen. Die besseren Gefühle, die ihm früher so natürlich gewesen, brachen sich gewaltsam Bahn. »Wie sollte jemand seinen Feind finden«, ruft er aus, »und ihn einen guten Weg gehen lassen? Der HERR vergelte dir Gutes für diesen Tag, das du an mir getan hast« (Kap. 24, 17-23).

Als er wieder einmal David wie ein Wild verfolgt und in seinem Lager zu Hachila schläft und David wieder edelmütig das Leben des wehrlos Schlafenden vor dem Speerstoß bewahrt, der ihn sicher getötet hätte, läßt sich Saul vor seinem ganzen Heere zu dem

Bekenntnis hinreißen: »Ich habe gesündigt; komm wieder, mein Sohn David; ich will dir kein Leid künftig tun... Siehe, ich habe töricht und sehr unweise gehandelt!«

Aber leider, leider war diese Reue immer nur von kurzer Dauer und bewirkte keinerlei Änderung des Herzens und Lebens. Das Feuer glimmte unter der Asche weiter und wartete nur auf den geringsten Luftzug, um hell aufzuflammen. Wenn er auch sagte: »Gesegnet seist du, mein Sohn David; du wirst es sicher ausrichten und wirst sicher obsiegen«, traute David dem Frieden nicht, sondern »gedachte in seinem Herzen: es ist mir nichts besser, denn daß ich entrinne in der Philister Land«. (Kap. 26,25 und 27,1. Elberf. Übers.)

Aus dieser ernsten Geschichte, die einen jeden von uns warnen will, können wir aber auch das Heilmittel für Eifersucht erfahren. Zweifellos waren Sauls schändliche Pläne allen Gliedern seiner Familie und besonders Jonathan bekannt. Schon ehe Saul mit seiner Drohung herausplatzt, daß Jonathans Königreich niemals gegründet werden könne, solange der Sohn Isais am Leben sei, hat der Thronerbe seinem Freund versichert, daß es ihm ganz gewiß ist, daß die Zeit bevorstände, wo der HERR alle seine Feinde ausrotten werde. (Kap. 20, 14.15.30.31.) Als Saul in der Wüste Siph, durch die treulosen Bewohner in seinem Vorhaben bestärkt, nach David fahndet, kommt wieder der edle Jonathan zu ihm und richtet ihn mit den Worten auf: »Fürchte dich nicht; meines Vaters Hand wird dich nicht finden, und du wirst König werden über Israel, so will ich der Nächste um dich sein; auch weiß solches mein Vater wohl« (Kap. 23,17).

Jonathan wurde durch Davids Erwählung ja viel mehr getroffen als sein Vater; seine Aussichten wurden dadurch ganz verändert; es stand fest, daß er nun niemals auf den Thron gelangen würde; auf Achtung und Liebe konnte er rechnen, auf die Krone nicht mehr. Aber kein Wölkchen des Neides verdunkelt den klaren Himmel seiner Liebe oder trübt seinen inneren Frieden; völlige Liebe hat den Haß vertrieben, »denn er hatte David so lieb wie seine Seele«.

Wenn die Eifersucht sich in deinem Herzen zu regen beginnt, dann spiele nicht damit; setze dich nicht hin und brüte über ein dir etwa angetanes Unrecht. Stehe auf und ergreife mit aller deiner Energie die niederträchtige Leidenschaft bei den Hörnern, und gib dir die größte Mühe, die Person, die deinen Zorn erregt, zu lieben. — »Nein, das kann ich nicht«, sagst du, »Liebe läßt sich nicht befehlen.« Kann sein, kann sein, aber man muß nicht Liebe und schöne Gefühle verwechseln; die letzteren kann man nicht herbeizwingen, aber trotzdem kann man Liebe üben, denn Liebe besteht nicht aus Gefühlen, sondern aus Taten; sie ist keine Gemütsbewegung, sondern Selbstverleugnung und Dienst.

Und nun, mein Leser, bist du auf jemand eifersüchtig? O dann nimm dir denjenigen oder diejenige vor, und sei ganz besonders freundlich, und wenn du gerade etwas recht Häßliches sagen willst, sei es ins Gesicht oder hinterm Rücken, so schlucke es schnell hinunter, und sage statt dessen etwas Liebevolles; überwinde Böses mit Gutem, Haß mit Liebe. Bete für ihn. Warte nicht auf freundliche Gefühle, nein, handle schnell und gütig, ohne dich zu besinnen. Vor allem ziehe dich nicht beleidigt zurück, sondern suche den Umgang mit der betreffenden Persönlichkeit, und bemühe dich, auf ihre besonderen Sorgen, Versuchungen und Leiden einzugehen, und tue alles, um eine wahre Freundschaft zwischen euch entstehen zu lassen. Dich selbst übergib Gott als ein lebendiges Opfer, und glaube fest, daß Gott dein Flehen um Erlösung von der Sünde erhört, daß Sein Heiliger Geist auf deiner Seite gegen den Feind deines inneren Friedens steht, und daß Er, der dir den Wunsch nach völliger Erlösung ins Herz gesenkt hat, auch beides wirken wird — das Wollen und das Vollbringen.

XXIII.
Schöner Sonnenuntergang

(1. Samuel 25, 1)

Ich fahr' dahin, wie Gott es will,
Ich geh' zur Ruh' fein sanft und still;
Aus aller Not, aus allem Leid
Ich fahr' dahin mit Fried' und Freud'.

Ich fahr' dahin aus dieser Welt,
Zur Heimat aus dem fremden Zelt;
Getrost ist mir mein Herz und Sinn.
Mit Fried' und Freud' ich fahr' dahin.

»Und Samuel starb«; er war mit dieser Welt zu Ende und wurde wie eine reife Garbe zu Grabe getragen. Obwohl er die letzten Jahre seines Lebens in stiller Zurückgezogenheit verbracht hatte, teils wegen seines hohen Alters, teils wegen des Bruchs mit dem König, hatte er nie an Liebe und Achtung bei dem Volk eingebüßt. Sein Tod wurde als ein nationales Unglück empfunden, denn von Dan im äußersten Norden bis Beerseba im Süden »versammelte sich das ganze Israel und trug Leid um ihn und begrub ihn«.

Bei dem bekannten jüdischen Schriftsteller Josephus finden wir folgende beachtenswerte Stelle: »Die sittliche Größe Samuels und die allgemeine Achtung, die er genossen hat, werden bewiesen durch die andauernde Trauer, die um ihn stattfand, und durch die Wichtigkeit, die darauf gelegt wurde, daß alle Gebräuche bei der Beisetzung mit der gehörigen Pracht und Feierlichkeit ausgeführt wurden. Er wurde in seiner Geburtsstadt beigesetzt, und sie beweinten ihn viele Tage, denn sein Tod war ihnen nicht der eines gewöhnlichen Menschen oder eines Fremden, sondern etwas, wodurch sie alle betroffen wurden. Er war ein gerechter Mann und liebevollen Gemüts und deshalb Gott sehr teuer.«

Samuels Gedächtnis blieb bei Israel wie das Abendrot am Himmel, lange nachdem die Sonne gesunken ist. — Wieder und wieder greift die Geschichte auf ihn zurück.

In 1. Chron. 9, 22 finden wir eine Andeutung, daß er den Grundstein zu jener großartigen Ordnung des levitischen Tempeldienstes gelegt hat, den David und Salomo zur Vollendung führten.

Aus 1. Chron. 26, 27-28 ersehen wir, daß er bereits angefangen, Schätze für das Haus des HERRN zu sammeln, welches erst durch Davids großen Sohn gebaut wurde.

2. Chron. 35, 18 spricht von einem großartigen und denkwürdigen Passahfest, welches unter seiner Leitung gefeiert worden war.

Ps. 99, 6 und Jer. 15, 1 beweisen, daß er ein gewaltiger Beter gewesen ist.

Apostg. 3, 24 und 13, 20 zeigen uns, daß sein Leben und Wirken einen Markstein in der Geschichte des jüdischen Volkes bilden; und in jenem wunderbaren 11. Kapitel des Hebräerbriefes findet auch er einen Platz in der großen Denkmälersammlung der Zeit, wo die Standbilder derer stehen, die in des Glaubens Kraft gelebt und gewirkt haben. »Die Zeit würde mir zu kurz, wenn ich wollte erzählen ... von Samuel ... welche durch den Glauben ... Gerechtigkeit gewirkt haben« (Hebr. 11,32-33).

I. Sein seliges Leben

Trotz aller Mühseligkeiten waren die Bedingungen des wahren Glücks doch in Samuels Leben enthalten.

Erstens war er ein Gebetsmensch in ganz hervorragendem Sinne. Das Gebet war seine stete Zuflucht; — ob es für sein Volk oder für den König war, ob um Sieg über die Philister oder um die Bekehrung Sauls von seinen bösen Wegen, nie wurde er müde zu beten; er hätte das als Sünde angesehen. »Es sei aber auch ferne von mir«, ruft er einmal aus, »mich also an dem HERRN zu versündigen, daß ich sollte ablassen, für euch zu beten.«

Manche schlaflose Nacht mag er zugebracht haben in Gebet und Tränen für den König, den er eingesetzt und dessen Händen er als kostbarstes Gut das Volkswohl anvertaut hatte.

Es steht noch dahin — und erst die Ewigkeit wird es offenbaren —, ob wir der Welt durch unsere Gebete oder durch unsere Arbeit mehr genützt haben. Es ist mehr als wahrscheinlich, daß die Menschen, die in stetem Flehen und in treuer Fürbitte ringen, mehr leisten. Sie gleichen den mächtigen Bergen, deren Fuß zwar auf der Erde ruht, deren Haupt aber zum Himmel reicht und deren Abhänge hinab die unversiegbaren Ströme fließen.

»Alles, was je geschrieben worden«, sagt ein begabter Schriftsteller, »ist trocken und unbedeutend im Vergleich zu dem großen ungeschriebenen Buch der Gebete, die im Verborgenen gebetet worden sind und noch werden — Gebete von Verbannten, Gebete von Märtyrern, Gebete der Verzweifelten, das Seufzen und Stöhnen der Gefangenen, die von Tyrannenhand lebendig begraben, im Kerker schmachten. O könnte Menschenohr euch hören, ihr Gebete und Klagen, wie ihr zum Himmel aufsteigt, welche gewaltige Liturgie würde es vernehmen! Kein Meisterwerk der Dichtkunst kann sich jenen ungeschriebenen Worten an die Seite stellen, die aus vollem Herzen heraus sich in Gottes Ohr ergießen. Aber diese Gebete sind Taten; des Gerechten Gebet vermag viel. Von der geheiligten Seele, die im Gebet ringt, geht eine Macht aus, die zur bewegenden Kraft wird, eine unzerstörbare Kraft, nicht losgelöst von Gott, sondern eben in Verbindung mit der mächtigen Kraftfülle dessen, von dem und durch den und zu dem alle Dinge sind.«

O meine geliebten Mitchristen, laßt uns immer fleißiger beten, besonders mit zunehmendem Alter; laßt uns auf der Stammrolle derer verzeichnet sein, die den Namen des HERRN anrufen; laßt uns unser Leben so führen, daß Menschen an unserem Gebetsleben Maß nehmen. »Mehr Dinge werden durch Gebet bewirkt, als die Welt sich träumen läßt.«

Samuel zeichnete sich zweitens durch große Herzenseinfalt aus. Ohne Scheu hatte er die peinlichste Untersuchung seiner Handlungen herausfordern können. (1. Sam. 12,3.) Seit seiner Kindheit lag sein Leben offen und klar vor aller Augen; das Wohl des Volkes war stets seine erste Sorge gewesen; dafür hatte er sich freudig drangegeben, und daß er zugunsten eines anderen abdanken mußte, war der größte Schmerz seines Lebens gewesen. Die Prüfungen, die sein Vaterland betroffen, hatten ihn seinem Gott nur näher gebracht und mit dem Volke enger verbunden. Aber als ihm klar wurde, daß man von ihm erwartete, seine Stellung aufzugeben, bedurfte es aller göttlichen Gnadengaben und aller natürlich guten Eigenschaften, um den Schlag mit Fassung zu ertragen. Die Selbstlosigkeit jedoch, die zum inneren Gesetz seines Lebens geworden war, siegte; er machte sich daran, den besten Nachfolger zu finden, den die Zeit aufweisen konnte, und stieg in Demut von der obersten Machtstufe herab.

Durch diese wundervolle Demut und Einfalt gewann er die Liebe und Verehrung des Volkes, und diesen Eigenschaften müssen wir auch seine Wahrnehmung des göttlichen Willens und Vorsatzes zuschreiben. Soll dein ganzer Leib licht sein, so muß dein Auge einfältig sein. Den Demütigen gibt Gott Gnade.

O daß wir in einem verzehrenden Eifer, andere zu Gottes Ehre zu retten, so aufgingen, daß wir uns selbst ganz vergäßen, willig wären, die zweite Stelle einzunehmen, für nichts zu gelten und aus dem vollen Licht, das auf die Bühne des Lebens fällt, zurück in die Stille und Einsamkeit zu treten, wo nur die Einrückung des Schattens den Lauf der Zeit von Sonnenwende zu Sonnenwende bezeichnet!

Samuel war drittens auch stets bestrebt aufzubauen. Als das ganze Land in Trümmern lag, begann er den Grundstein eines neuen Staates zu legen. Die Mühe und Sorgfalt, die er auf die Prophetenschulen verwandte, die Rechtspflege, die er bei seinen Wanderreisen im Lande ausübte, die Reden in den großen Volksversammlungen waren alles Teile ein und derselben großen Staatskunst, und ein innerlich befestigtes, einiges Volk war das Ergebnis.

Mein Leser, tue etwas in deinem Leben! Setze dich nicht hin und vergeude die kostbare Zeit im Beurteilen anderer Leute; füge du an deinem Teil ein Stück recht dauerhafter Arbeit ein in den großen Bau des Reiches Gottes. Immer schnell mit einem tadelnden Urteil über unseren lieben Nächsten bei der Hand sein, ist sehr leicht, aber auf den rechten Weg bringt es ihn selten; nein, da ist es schon besser, flink dieselbe Arbeit anzugreifen und sie soviel besser und schneller auszuführen, daß er unserm Beispiel folgt. — Kennst du die Geschichte von dem Mann, der, anstatt sich mit Bemerkungen über die wüsten Gärten seiner Nachbarn aufzuhalten, seinen eigenen so schön instand hielt, daß rechts und links einer nach dem andern anfing, ihm nachzuahmen?

Als erster Prophet, als Verbindungsglied zwischen der ersten Ansiedlung in Palästina und der Pracht des salomonischen Königreichs, durch seinen Charakter und Einfluß und ganz besonders durch die offenkundige Gemeinschaft mit dem Gott Israels hatte sich Samuel die ehrfurchtsvolle Verehrung seines Volkes erworben, und es ist gar nicht zu verwundern, daß einer aus diesem Volke, der ihm alles verdankte, obwohl er die Größe seiner Persönlichkeit nicht verstanden hatte, in der Stunde der Not und Verlassenheit sich verbotenerweise um Hilfe an den großen Propheten wandte, der schon vom Schauplatz der irdischen Dinge abgetreten war, und rief: »Bringe mir Samuel herauf!«

II. Sein seliger Tod

Der Tod ist kein Zustand, sonderen für Gotteskinder nur ein Durchgang, ein Ausziehen aus der Mietwohnung irdischen Lebens ins himmlische Vaterhaus. Wir sollten von den Abgeschiedenen als von solchen reden, die einen Augenblick durch einen dunklen Tunnel gegangen sind und nun auf der anderen Seite in einem Dasein erhöhter Lebensfülle leben. »Gott aber ist nicht der Toten, sondern der Lebendigen Gott, denn sie leben Ihm alle« (Luk. 20,38). Niemand ist in dem Sinne tot, daß er in einem Zustand des Todes bleibt; die, welche wir tot nennen, sind die Gestorbenen, die durch den Tod in das jenseitige Leben gegangen sind; sie haben die irdische Hülle abgestreift, aber der Geist ist zu neuem Leben erwacht, es sei zu seinem Wohl oder Wehe, je nachdem sie zu Lebzeiten den Herrn Jesus als Heiland angenommen haben oder nicht. Auf einen Ruf sich dort losreißen und zu den Sorgen und Verantwortungen des irdischen Lebens zurückkehren, ist eine Anstrengung: »Warum hast du mich unruhig gemacht, daß du mich heraufbringen lässest?« fragt Samuel.

Wie spricht denn Paulus vom Tode? »Die Zeit meines Abscheidens ist vorhanden« (2. Tim. 4,6). Das ist ein seemännischer Ausdruck und bedeutet das Lösen der Taue, damit das Schiff aus dem Hafen hinaus und aufs Meer fahren kann.

So ist der Tod — ein Ziehen der Seele aus stehendem Gewässer und beschränkenden Hafenmauern hinaus auf den Ozean der Ewigkeit, in den unendlichen Raum, wo die Möglichkeit geboten ist, die entferntesten Küstenlinien des Gedankens zu erreichen und an den goldenen Gestaden der seligen Inseln zu landen.

Wie spricht Petrus vom Tode? Er sagt: »Nach meinem Abschiede« (2. Petrus 1,15). Aber im griechischen Urtext steht das Wort *exodus,* Ausgang oder Auszug, genau derselbe Ausdruck, der Luk. 9, 31 steht, wo Mose und Elia auf dem Berge der Verklärung mit dem Heiland von dem »Ausgang« reden, »welchen Er sollte erfüllen zu Jerusalem«. Es gibt nur noch eine Stelle im ganzen Neuen Testament, wo dieses Wort vorkommt, und da ist vom Auszug der Kinder Israels aus Ägypten die Rede. (Hebr. 11,22.)

Nach diesen Begriffen ist der Tod der Anfang von etwas; wenn er ein Ende vorstellt, so ist es das Ende eines Lebens der Gebundenheit und des Schmerzes; er eröffnet den Weg in eine Welt, wo sich der Entwicklung der Seele keinerlei Hindernisse mehr in den Weg stellen werden.

O so laßt uns alle Todesfurcht ablegen; in den meisten Fällen ist die Seele beim Tode wahrscheinlich ebenso unbewußt wie bei der Geburt; nur eine dünne Schale braucht zu springen, nur ein leichter Vorhang hinweggezogen zu werden.

Der Heiland nennt sich die Auferstehung und das Leben, und Er trägt diese gewaltigen Namen mit Recht. Er hat dem Tode die Macht genommen und das Leben und ein unvergängliches Wesen an das Licht gebracht durch das Evangelium. Wir sind nicht dem Zwielicht der Voraussetzungen und Vermutungen, noch der Unsicherheit ängstlichen Ratens preisgegeben, nein, wir wissen, daß es ein Leben nach dem Tode gibt, denn lebende Menschen haben Jesum nach Seiner Auferstehung gesehen. »Wir sind Zeugen«, sagt einer von ihnen, »alles dessen, das Er getan hat im jüdischen Lande und zu Jerusalem; den haben sie getötet und an ein Holz gehängt. Denselben hat Gott auferwecket am dritten Tage und Ihn lassen offenbar werden, nicht allem Volk, sondern uns, den vorerwählten Zeugen von Gott, die wir mit Ihm gegessen und getrunken haben, nachdem Er auferstanden ist von den Toten.« (Apg. 10, 39-41.)

Ja, Er lebt, und weil Er lebt, werden auch wir leben; Er ist hingegangen, uns in Seines Vaters Haus die Stätte zu bereiten, und dort werden wir Sein teures Antlitz sehen und im Verein mit Gleichgesinnten Ihn ewig loben.

XXIV.
Endor und Gilboa

(1. Samuel 28; 1. Chronika 10, 13)

Jahre sind vergangen, seit der Stein aus Davids Schleuder Goliath zu Boden gefällt hatte, und die Philister bei Ephes-Dammim in wilder Flucht vor Israel dahingejagt waren. Diese Niederlage wurmte sie noch immer, und sie planten einen neuen Kriegszug, um die Schande auszuwischen und sich die Herrschaft über die Ebene Esdrelom zu sichern; diese bildete die Verbindung zwischen den reichen Handelsstädten in der Euphrat-Niederung und dem Markt für ihre Waren in Ägypten. Wer jene wichtige Handelsstraße beherrschte, konnte einen einträglichen Zoll auf die durchziehende Ware legen, daher das Bestreben, sie zu besitzen.

Die Massen des feindlichen Heeres ergossen sich die Meeresküste entlang, und ein stark befestigtes Lager wurde nördlich von Jesreel zu Sunem aufgeschlagen, wo später die reiche Frau gelebt hat, die dem Propheten Elisa so viel Gastfreundschaft bewies.

Saul sammelte schleunigst, was er an Streitkräften aufbieten konnte, und zog auch gen Norden und lagerte sich auf dem Gebirge Gilboa, einem kahlen Bergzug im Süden der großen Ebene. Der Anblick der großen Macht, die gegen ihn ins Feld geführt wurde, scheint ihn gelähmt zu haben; er zog einen Vergleich zwischen der vollständigen Ausrüstung der feindlichen Krieger und den Speeren und Schleudern seiner Leute, und »sein Herz verzagte sehr«. Der Heldenmut des Glaubens war Saul fremd geworden, denn er hatte das Bewußtsein von Gottes Gegenwart verloren. Kein Lichtstrahl durchdrang die finsteren Wolken der Verzweiflung; er konnte auch klagen: »Aber gehe ich nun stracks vor mich, so ist Er nicht da; gehe ich zurück, so spüre ich Ihn nicht; ist Er zur Linken, so ergreife ich Ihn nicht; verbirgt Er sich zur Rechten, so sehe ich Ihn nicht.« (Hiob 23, 8.9.) Das furchtbare Verhängnis, das jetzt hereinbrach, ist einzig und allein auf das Fernsein Gottes zurückzuführen. Die bewahrende göttliche Gnade, der er so lange widerstrebt, hatte sich zurückgezogen, und der unglückliche König war den Eingebungen der bösen Geister überlassen, »die in der Finsternis dieser Welt herrschen«, und denen es aus geheimnisvollen Gründen gestattet ist, Menschen anzugreifen.

Saul fragt zwar bei Gott um Rat und Hilfe an, wahrscheinlich zum erstenmal seit Jahren, aber es geschieht ohne Reue und Sündenbekenntnis, ohne Hingabe des eigenen Willens, ohne geduldiges Harren auf die göttliche Antwort — nur verzweifelte Angst und Todesfurcht spricht sich darin aus; man darf sich nicht wundern, daß der HERR ihm nicht antwortete »weder durch Träume, noch durch Licht, noch durch Propheten«. »Wo ich Unrechtes vorhätte in meinem Herzen, so würde der HERR nicht hören.«

I. Endor

Wie wir bereits gesehen haben, hatte Saul die Wahrsager und Zeichendeuter aus dem Lande vertrieben. Er mag das in einem der lichten Momente getan haben, wo er für die Einwirkungen des göttlichen Geistes offen stand, oder es sollte den wilden Leidenschaften, die in seinem Innern tobten, das Gleichgewicht halten. Ach, so oft wollen Menschen begangene Sünden durch irgend eine in die Augen springende äußere Tat wieder gut machen, sei es, um sich vor der Welt eine verlorene Stellung wieder zu erobern, sei es, um das eigene schreiende Gewissen zu beruhigen. Daß Saul selbst im Herzen der Zauberei, die er öffentlich bestrafte, zugeneigt war, bewies er, als er in seiner Not Zuflucht dazu nahm und um die Hilfe nachsuchte, die ihm der Himmel versagte.

Nördlich von Sunem, also jenseits des Lagers der Philister, lag das Dörfchen Endor, eine der Ortschaften, aus denen der Stamm Manasse bei der Einnahme des Landes die Einwohner nicht hatte vertreiben können (Jos. 17,11-13). Dort wohnte eine Frau, die wahrscheinlich von den Kanaanitern abstammte, und die vorgab, die Geister Verstorbener rufen zu können. Höchstwahrscheinlich war das alles Betrug; durch Bauchreden und Taschenspielerkünste ahmte sie Geistererscheinungen nach; war es mehr als das, dann waren dämonische Kräfte dabei im Spiel, die unseres Erachtens immer mit Zauberern und Spiritisten in Verbindung stehen; sie liegen auch dem ganzen Spiritismus der Jetztzeit zugrunde.

Verkleidet und in einen großen Mantel gehüllt, macht sich Saul mit zwei Begleitern bald nach Mitternacht auf den Weg. Sie kreuzen die Ebene, umgehen den östlichen Abhang des kleinen Hermon und erreichen sicher ihr Ziel. Die Tür öffnet sich, und sie treten in das Haus der Zauberin. In dem raucherfüllten Raum, in dem die glühenden Kohlen auf der Pfanne den einzigen Lichtpunkt bilden, kann die Frau unmöglich die Züge des nächtlichen Gastes erkennen, der von ihr fordert, sie solle den heraufbeschwören, den er nennen werde.

Zuerst will sie nicht recht heran; sie erinnert den Femdling, daß die Ausübung ihrer Kunst verboten sei, und daß es ihr das Leben kosten könne, wenn sie seinen Wunsch erfüllt. »Siehe, du weißt wohl, was Saul getan hat, wie er die Wahrsager und Zeichendeuter ausgerottet hat vom Lande; warum willst du denn meine Seele in das Netz führen, daß ich getötet werde?« Mit einem Eid, der den HERRN der Welt, den er in diesem Augenblick verleugnet, auf seltsame Weise in die Sache hineinzieht, und mit einem Anflug königlicher Würde versichert ihr Saul, daß ihr kein Leid geschehen solle: »So wahr der HERR lebt, es soll dir dies nicht zur Missetat gereichen.«

Beruhigt fragt die Zauberin, wen sie rufen soll; aber sie wird nicht wenig erschrocken gewesen sein, als sie die im heiseren Ton geflüsterte Antwort vernimmt: »Bringe mir Samuel herauf!«

Das elende Weib zieht sich in den Hintergrund zurück und beginnt seine Beschwörungen zu murmeln; vielleicht wirft es auch Kräuter in die Pfanne, von denen ein qualmender Dampf aufsteigt; aber noch ehe alle diese vorbereitenden Künste beendet sind, scheint der allmächtige Gott selbst mit starker Hand eingegriffen zu haben und schickt Seinen treuen Knecht aus der Welt jenseits des Todes zurück, so daß die Zauberin sich nicht betrügerisch rühmen kann, eine so gewaltige Erscheinung in ihren Kreis gebannt zu haben.

»Da nun die Frau Samuel sah, schrie sie laut.« Im selben Augenblick scheint sie auch Saul erkannt zu haben, und für ihr Leben bangend, ruft sie: »Warum hast du mich betrogen?« In dem Zustand der seelischen Erregung, in dem sie sich befand, mag ihr plötzlich die übernatürliche Gabe zuteil geworden sein, die wir »Hellsehen« nennen, oder vielleicht war Samuels Erscheinung so überwältigend natürlich und greifbar, daß in dieser Schreckensstunde die Zauberin sofort wie in früheren Jahren Prophet und König in Gedanken verband; auch mag Saul in seiner begreiflichen Erregung den verhüllenden Mantel fallen gelassen haben; wie dem aber nun auch gewesen sein mag, seine Vermummung schützte ihn nicht mehr — laut tönt der Schrei durch die Hütte: »Du bist Saul!«

Wieder beschwichtigt der König die geängstete Frau und fragt, was sie denn sehe. »Ich sehe einen Gott aus der Erde heraufsteigen« (Elberf. Übers.), lautet die bebende Antwort. Saul drängt sie, die Erscheinung näher zu beschreiben, denn, obwohl er sich in demselben Raum befindet, kann er den geheimnisvollen Geist nicht wahrnehmen. »Wie ist er gestaltet?« fragt er. Sie sprach: »Es kommt ein alter Mann herauf und ist bekleidet mit einem seidenen Rock.« Da vernahm Saul, daß es Samuel war und neigte sich mit seinem Antlitz zur Erde und betete an.

Sehr ergreifend ist die nun folgende Unterredung, von der wir wohl bestimmt annehmen dürfen, daß sie ohne Hilfe der Zauberin unmittelbar zwischen dem König und seinem einstmaligen Freund und Berater stattfand. Gott hat dem Propheten gestattet, mit Saul zu reden, wie Er später bewirkte, daß Mose und Elia mit dem Heiland redeten »von dem Ausgang, welchen Er sollte erfüllen zu Jerusalem«.

Ach, hätte Saul doch noch in dieser elften Stunde weinend und betend seine Zuflucht zum HERRN genommen, ob ihn Gott nicht nach Seiner großen Güte und Langmut erhört hätte? Gewißlich — aber bei Saul war nichts von Sinnesänderung zu merken.

Samuel wartet nicht, bis der zu Tode geängstigte König sich an ihn wendet, sondern tut ihm unaufgefordert kund, daß seine Missetaten ihn selbst im Jenseits so beunruhigt hätten, daß er nicht umhin könne, noch einmal mit ihm zu reden. »Warum hast du mich unruhig gemacht, daß du mich heraufbringen lässest?« Sauls Antwort ist die der Verzweiflung: »Ich bin sehr geängstigt; die Philister streiten wider mich, und Gott ist von mir gewichen und antwortet mir nicht, weder durch Propheten noch durch Träume; darum habe ich dich lassen rufen, daß du mir weisest, was ich tun soll.«

Aber kein Wort des Trostes noch der Ermunterung fällt von den Lippen des Propheten. Was hilft es, von dem Diener Hilfe heischen, wenn der HERR sie versagt? Es hatte keinen Zweck, die Augen vor der Tatsache zu verschließen, daß Gott auf seiten Davids war und nicht mehr auf seiten des Königs, dessen Regierung so verheißungsvoll angefangen hatte. All das Unglück, das ihn und sein Reich betroffen hatte, war die Folge seines Ungehorsams gegen Gottes ausdrücklichen Befehl, die Amalekiter betreffend. Der Frevel, den er jetzt begangen, ließ das Maß seiner Sünden überlaufen, und nichts kann nunmehr das hereinbrechende Verhängnis aufhalten. Saul muß ernten, was er gesät hat, und ein furchtbares Gericht wird ihm verkündet: Gott wird auch Israel in die Hand der Feinde geben; er selbst und seine Söhne werden am folgenden Tag tot sein; das Heer wird vernichtet, das Lager geplündert und das Land dem schrecklichen Schicksal überlassen werden, das ein besiegtes Land in jener Zeit zu erwarten hatte.

Man kann sich nicht wundern, daß der König entsetzlich erschrak und der Länge nach zu Boden fiel; er war von dem langen Wachen und Fasten erschöpft, und die schaurigen Ereignisse dieser Nacht erschütterten ihn so, daß er vollständig zusammenbrach und »keine Kraft mehr in ihm war«. Sogar die Zauberin empfand Mitleid mit ihm; ihr natürliches Gefühl erwachte, und sie bat den König, Nahrung zu sich zu nehmen; sie sagt ihm, sie habe ihm Vertrauen bewiesen und ihr Leben in seine Hand gelegt, verlange nun aber auch von ihm, daß er ihre Bitte nicht abschlage. »Ich will dir einen Bissen Brot vorsetzen, daß du essest, daß du zu Kräften kommst und deine Straße gehst.«

Zuerst weigert sich Saul; will der König Israels sich nie mehr von dem Lehmboden der unheimlichen Hütte erheben? »Da nötigten ihn seine Knechte und die Frau, daß er ihrer Stimme gehorchte, und er stand auf von der Erde und setzte sich aufs Bett.«

O Saul, was für Gedanken mögen dir durch den Kopf ziehen, als du da auf dem elenden Lager sitzest und auf dein Mahl wartest? Denkst du an die erste glückliche Zeit deiner Regierung, an Jabes-Gilead, an die häufigen Siege über die Philister, an die Liebe des Volkes? Aber du siehst auch, wie du Schritt für Schritt von der sonnenbeglänzten Höhe abwärts in das finstere Tal gestiegen bist, wo der dunkle Strom rauscht und die Felsen überhängen. Wie einem Ertrinkenden in einem Augenblick plötzlich sein ganzes Leben vor Augen steht, so mag sich dort in nächtlicher Stunde vor dem unglücklichen Mann seine ganze Vergangenheit entrollt haben. Dann nahm er ein eiliges Mahl ein und stahl sich mit seinen Gefährten nach dem Lager zurück.

II. Gilboa

Am Morgen brach der Kampf los; die Philister waren etwas westlich nach Aphek gezogen; die Israeliten waren vom Gebirge herabgekommen und hatten bei einer Quelle zu Jesreel Stellung genommen. (19,1; Elberf. Übers.) Trotz verzweifelter Gegenwehr konnten sie dem Ansturm der gut bewaffneten Feinde nicht standhalten; sie wurden geschlagen und mußten fliehen, und die Abhänge des Gebirges bedeckten sich mit Toten und Verwundeten (31,1). Saul und Jonathan versuchten alles, die Schlacht zu retten.

»Der Bogen Jonathans hat nie gefehlet,
Und das Schwert Sauls ist nie leer wiedergekommen
Von dem Blut der Erschlagenen und der Helden.«

Aber alle Anstrengungen waren vergeblich. »Der Streit wurde hart wider Saul.« »Die Philister schlugen Jonathan und Abi-Nadab und Malchisua, die Söhne Sauls.« Die Edelsten Israels waren gefallen; die Philister setzten nun alles andere hintenan und richteten ihr Augenmerk ausschließlich auf die hohe Gestalt, die alle Flüchtlinge überragte, auf deren Haupt das königliche Abzeichen war, an deren Arm das königliche Geschmeide blitzte. »Die Philister hingen sich an Saul... die Schützen trafen ihn mit Bogen, und er wurde verwundet von den Schützen.« Er wußte, daß, wenn er lebendig gefangen würde, ihn Schimpf und Schande erwarteten, und daß er auf grausame Weise getötet werden würde; da schien ihm ein sofortiger Tod besser, und er sagte zu seinem Waffenträger: »Ziehe dein Schwert, und erstich mich damit, daß nicht diese Unbeschnittenen kommen und mich erstechen und treiben Spott mit mir.«

Aber der Waffenträger wagte nicht, Hand an die gesalbte Person des Königs zu legen; da steckt Saul sein Schwert mit der Spitze nach oben fest in die Erde und wirft sich darauf, so daß sein Herz durchbohrt wird.

Nach dem Bericht des Amalekiters an David zu schließen, ist dieser Versuch, sich das Leben zu nehmen, nicht gleich gelungen, und Saul bat ein Kind des Volkes, das er hatte ausrotten sollen, ihm den Gnadenstoß zu geben. »Er sprach zu mir«, sagt der Fremdling zu David, »tritt zu mir und töte mich, denn ich bin bedrängt umher, und mein Leben ist noch ganz in mir.«

Aber dies kann ein Lügengewebe gewesen sein in der eitlen Hoffnung, sich durch seinen Bericht Davids Gunst zu erwerben, denn wir lesen doch, daß der Waffenträger sah, daß Saul tot war, und sich deshalb ebenfalls in sein Schwert stürzte.

Andern Tages machten sich die Philister daran, das Schlachtfeld zu plündern; sie fanden die Leichen Sauls und seiner Söhne, enthaupteten sie und ließen die Häupter und Rüstungen im Triumph durch ihre großen Städte tragen und hängten die Leichname schließlich an den Mauern von Bet-Schean auf.

Als die Trauernachricht sich in Israel verbreitete, entstand ein großer Schrecken, und viele Bewohner verließen ihre Städte und Dörfer und flohen über den Jordan. Feindliche Banden streiften überall umher und trugen Feuer und Schwert durchs Land. Der kleine Sohn Jonathans wurde zum Krüppel, weil ihm auf seiner eiligen Flucht mit seiner Pflegerin ein Unfall zustieß. »Auch hatte Jonathan einen Sohn, der war lahm an den Füßen und war fünf Jahre alt, da das Geschrei von Saul und Jonathan aus Jesreel kam, und seine Amme ihn aufhob und floh, und indem sie eilte und floh, fiel er und wurde hinkend« (2. Sam. 4,4).

Ein Lichtstrahl fällt in dies entsetzliche Verhängnis. Die Bewohner von Jabes-Gilead hatten nicht vergessen, wie hochherzig und bereitwillig Saul am Anfang seiner Regierung sich ihrer Bedrängnis angenommen hatte, und sie beschlossen, die königlichen Leichen der angetanen Schande zu entreißen. Die tapferen Leute machten sich auf den Weg, wanderten die ganze Nacht hindurch und nahmen, am Ziel angelangt, die gehängten Leichen von der Mauer und brachten sie nach Jabes; dort verbrannten sie sie ihrer schaurigen Verstümmlung halber, begruben dann die Gebeine und beklagten mit ungeheuchelter Trauer den Untergang einer Regierung, die wie ein wolkenloser Morgen begonnen hatte.

O wie schaurig ist es, wenn Menschen bis an ihr Ende in Auflehnung gegen Gott beharren! Du siehst ein, daß es entsetzlich ist, so wie Saul zu handeln; du schauderst ob seiner Verwegenheit und kannst seine Verblendung nicht begreifen? Und doch und doch — »wer da steht, sehe wohl zu, daß er nicht falle«; auch wir können auf Abwege geraten und, gleich dem unglücklichen König, in die Gewalt des Bösen geraten; es könnte ein Zeitpunkt kommen, könnten Verhältnisse eintreten, wo auch wir wieder zu Dingen, Gewohnheiten und Menschen zurückkehren, denen wir schon gründlich den Laufpaß gegeben haben.

Da ist z.B. ein Mensch völlig zur Erkenntnis gekommen, daß die Geldliebe eine Wurzel alles Bösen ist, und er hat sie aus seinem Herzen gerissen — und nach Jahren wendet er sich ihr doch wieder zu und läßt sie über sich herrschen; da ist ein anderer, er war ein Knecht seiner Lüste, aber er erkannte, daß sie ins Verderben führen; er sagte ihnen ab, tat ein Gelübde und hielt es eine Zeitlang — und dann läßt er die früheren Sünden sich wieder einschleichen und dient ihnen wie früher; ein dritter hat nach Jahren, in denen er sich um Gott und seine Seele gar nicht gekümmert, endlich angefangen, Ernst mit dem Glauben zu machen, ist aber wieder eingeschlafen. — O, meine geliebten Brüder und Schwestern, das heißt, wie Saul handeln, der die Zeichendeuter und Wahrsager aus dem Lande verbannte und schließlich selbst in die Zauberhöhle schleicht. Solche Menschen sind Brunnen ohne Wasser und Wolken vom Windwirbel umgetrieben. Petrus sagt uns, daß ihnen eine furchtbare Finsternis vorbehalten ist. »Denn so sie entflohen sind dem Unflat der Welt durch die Erkenntnis des HERRN und Heilandes Jesu Christi, werden aber wiederum in denselben geflochten und überwunden, ist mit ihnen das letzte ärger geworden, denn das erste; denn es wäre ihnen besser, daß sie den Weg der Gerechtigkeit nicht erkannt hätten, denn daß sie ihn erkennen und sich kehren von dem heiligen Gebot, das ihnen gegeben ist« (2. Petrus 2,20).

XXV.
Schlußgedanken

(2. Samuel 1, 19ff.)

Israels Edle
Liegen erschlagen,
Laß euch beklagen,
Helden im Streit:
Hoch auf den Bergen
Seid ihr gefallen,
Fernhin erschallen
Jammer und Leid.

Wo der Allmächt'ge
Selber gerichtet,
Stehet vernichtet
Menschlicher Rat;
Freunde wie Feinde
Schauen mit Beugen,
Ehren mit Schweigen
Göttliche Tat. *Gerok.*

Wunderbar ergreifend ist das Klagelied, womit David Saul und Jonathan betrauert; vergessen ist all das gebrannte Herzeleid, das ihm der eifersüchtige König angetan hat; die jüngst vergangenen Jahre versinken vor seinen Augen, und er ist wieder der dichtende Hirtenknabe, der die Macht und Herrlichkeit seines Königs besingt:

»Die Edelsten in Israel sind auf Deiner Höhe erschlagen;
Wie sind die Helden gefallen...
Saul und Jonathan, holdselig und lieblich in ihrem Leben,
Sind auch im Tode nicht geschieden.«

Muß man nicht an die Liebe Gottes denken, wenn David so singt, an den Gott, der gesagt hat: »Ihrer Sünden und ihrer Ungerechtigkeit will Ich nicht mehr gedenken.«? Hier finden wir lange vor dem Christentum eine Liebe, die alles verträgt, alles glaubt, alles hofft, alles duldet und nie aufhört, die aus ihrer eigenen Treue und hohen Gesinnung einen Strahlenkranz webt und das Gedächtnis der Verstorbenen damit schmückt, die nur an das Edle und Gute in ihnen denkt und alles Niedrige und Gemeine vergißt. So wollen auch wir an Saul, den ersten König Israels, denken.

Paulus spricht 1. Kor. 9, 27 davon, daß man anderen predigen und selbst verwerflich werden könne; man kann von Gott zu einer hohen, edlen Aufgabe berufen sein, sie allem Anschein nach eine Zeitlang erfüllen und schließlich doch verworfen werden, wie Salz, das seine Würze verloren hat und nun zum Zertreten auf die

Straße geworfen wird. Ein Mensch dieser Art scheint Saul gewesen zu sein.

Ernster Gedanke! Kein Mensch kann mit besseren Aussichten ins Leben treten als der erste König Israels, und keiner kann in tieferer Nacht der Verzweiflung enden. Solches Schicksal kann jeden von uns treffen, wenn wir nicht wachen und beten und demütig vor unserm Gott sind.

Kennst du, mein Leser, in des »Christen Pilgerfahrt« von Bunyan die Stelle von dem Mann im eisernen Käfig? Er sagt von sich: »Einst war ich glücklich und wohlauf, ein Christ in meinen eigenen Augen und in denen anderer; ich hielt mich reif für die ewige Stadt und freute mich auch in Gedanken, einmal dorthin zu kommen; aber ich vergaß das Wachen und Nüchternsein. Ich ließ meinen Lüsten die Zügel schießen; ich habe gegen das Licht des göttlichen Wortes und gegen Gottes Güte gesündigt; ich habe den Heiligen Geist betrübt, und Er hat sich zurückgezogen; ich habe den Teufel versucht, und er ist gekommen; ich habe Gott zum Zorn gereizt, und Er hat mich verlassen; ich habe mein Herz so verhärtet, daß ich nicht mehr Buße tun kann.« »O«, sagte der Christ, »das ist entsetzlich! Gott helfe mir, daß ich wache und nüchtern sei und bete, daß ich die Ursache solchen Elends vermeide.«

Aber die am meisten befürchten, in solche Sünde zu fallen, neigen am wenigsten dazu. Der Jünger, der in Furcht vor sich selber fragt: »HERR, bin ich's?« wird seiner Demut wegen bewahrt bleiben.

Noch tieferes Interesse flößt uns Sauls Regierung ein, wenn wir ihre Stelle in dem Entwicklungsgang des Reiches Gottes auf Erden betrachten. Saul scheint den Fürsten des gegenwärtigen Zeitalters oder, wie man auch sagen kann, »der Welt« darzustellen, der einst Lucifer, der helle Morgenstern, war und als Gottes Verwalter dessen Besitztum regieren sollte; aber er fiel aus seiner hohen Stellung und zog eine ganze Schar edler Geister mit sich in die Tiefe, und so gewaltig war sein Fall, daß er einen verheerenden Einfluß auf die ganze Schöpfung übte, über die er als Engel gesetzt gewesen war. In diesen beiden Punkten ist eine große Ähnlichkeit zwischen König Saul und dem gefallenen Erzengel; beide waren in besonderem Maße begnadet; beide berechtigten zu großen

Hoffnungen; beide waren stellvertretende Herrscher über göttliches Eigentum; beide waren hochmütig, ungehorsam und eigenwillig; beide fielen aus ihrem ursprünglichen Stand, zogen viele andere mit sich ins Verderben und hinterließen ein unglaubliches Vermächtnis von Elend, und beide verfielen dem Urteil der Absetzung zugunsten eines anderen Reiches, das inmitten des ihnen untertanen Gebietes aufsproßte. In Sauls Fall war es das davidische Reich, bei Satan ist es das unvergängliche Reich, das da ewiglich bleibt.

Jene Versammlung von in Not und Elend befindlichen Männern in der Höhle Adullam, aus denen David durch sorgfältige Zucht und durch den Einfluß seines eigenen Heldengeistes ein geordnetes Heer schuf, mit dem er die Herrschaft über Zeit und Land gewann, Davids großmütige und edle Gesinnung, die einen so auffallenden Gegensatz zu der Art seines Feindes bildete, die immerwährende Nachstellung und Verfolgung, die er von dem gekrönten Landesfürsten erfuhr, — das sind alles Züge, die sich in solcher Weise nur im Leben des Menschensohnes wiederfinden, der vom ersten bis zum letzten Atemzuge dem Haß und Widerstand Satans beständig ausgesetzt war.

Trotz allem, was Saul in seiner Bosheit erfand, den göttlichen Plan über den Haufen zu werfen, setzte der HERR Seinen erwählten König auf den heiligen Berg Zion ein und bestätigte ihn und erhöhte sein Königreich; so wird auch der göttliche Vorsatz, unseren Heiland betreffend, bestehen bleiben, wenn auch Menschen und Teufel widerstehen.

Und ob gleich alle Teufel
Hier wollten widersteh'n,
So wird doch ohne Zweifel
Gott nicht zurücke geh'n;

Was Er sich vorgenommen,
Und was Er haben will,
Das muß doch endlich kommen
Zu seinem Zweck und Ziel.

Der Sohn Gottes ist dazu bestimmt, der gekrönte König der Menschen zu sein; Sein Reich ist jetzt noch verborgen und in Dunkel gehüllt; Seine Anhänger sind menschlichen Augen noch nicht offenbart; die Einrichtungen dieses Reiches sind noch unbekannt, denn es ist ein zukünftiges Reich, es wird erst »kommen«. Die Vernichtung des Erzfeindes muß seiner Einführung vorangehen, und wie es ein Schlachtfeld von Gilboa gegeben hat, wird es für die Welt ein Harmagedon geben. (Offenb. 16,16.) Erst wenn der letzte Kampf gekämpft sein wird, der letzte Streit ausgefochten und die Macht der Finsternis endgültig besiegt und zerstört ist, werden die Stimmen großer Scharen zu hören sein, die im Jubelton singen: »Halleluja! Es sind die Reiche der Welt unseres HERRN und Seines Christus geworden, und Er wird regieren von Ewigkeit zu Ewigkeit.«

»Darum, dieweil wir empfangen ein unbewegliches Reich, haben wir Gnade, durch welche wir sollen Gott dienen, Ihm zu gefallen mit Zucht und Furcht; denn auch unser Gott ist ein verzehrendes Feuer.«

Die Betrachtung von Sauls Leben würde fast unerträglich schmerzlich sein, wenn wir nicht unter der bitteren Schale bereits die Entstehung der herrlichen Frucht des davidischen Königreiches bemerkten, das bestimmt war, eine ewige Saat in die Welt zu streuen. Gleichermaßen könnten wir über den Zustand verzweifeln, in den der Teufel die Welt versetzt hat, wenn wir nicht wüßten, daß zu seiner Zeit Gott vom Himmel ein Königreich aufrichten wird, das nimmermehr zerstört wird, und Sein Königreich wird auf kein anderes Volk kommen; es wird alle diese Königreiche zermalmen und verstören, aber es wird ewiglich bleiben. (Dan. 2,44.)

Der Prophet Samuel überbrückt die Kluft zwischen dem Richter Simson und dem König David, und es liegt eine tiefe Bedeutung darin, daß sein Name unzertrennlich mit den beiden Büchern Heiliger Schrift verknüpft ist, die diese große Übergangszeit schildern, in der jedes Ereignis durch seinen Einfluß berührt wurde.

Weitere empfehlenswerte Bücher

W. G. Henderson

Göttliche Prinzipien der Schriftauslegung

Taschenbuch, ca. 72 Seiten
Bestell-Nr. 2060, DM 4,80

W. G. Henderson hat sich viele Jahre persönlich dem systematischen Bibelstudium gewidmet. Zugleich war es sein Anliegen, anderen weiterzugeben, was er erkannt hatte.
Das Buch hat drei Hauptabschnitte:
Struktureller Aufbau der Schrift.
Leitthemen der Schrift.
21 Wege zur Schriftauslegung.

David W. Gooding

Ein unerschütterliches Reich

Zehn Studien über den Hebräerbrief

Taschenbuch, ca. 216 Seiten
Bestell-Nr. 2061, DM 10,80

Prof. David Gooding erklärt in diesem Buch die Problemstellen des Hebräerbriefes auf sorgfältige Weise, indem er auf den Verständnishorizont der damaligen Leser zurückführt. Ebenso ist es aber auch sein Anliegen, den Herrn Jesus Christus großzumachen, dessen Reich ein unerschütterliches Reich ist.

Albert von der Kammer

Der Heilige Geist, der in uns wohnt

Taschenbuch, 96 Seiten
Bestell-Nr. 2062, DM 5,80

Albert von der Kammer, langjähriger Schriftleiter der Zeitschrift »Handreichungen« und begnadeter Bibellehrer, führt den Leser zum Studium der Heiligen Schrift und ihren Aussagen über den Heiligen Geist. Er untersucht gründlich, was von den heutigen, oft spektakulären Aussagen und Gedanken biblisch ist.